L'ART DE DÉFENDRE SES OPINIONS
EXPLIQUÉ À TOUT LE MONDE
de Louis Cornellier
est le huit cent quatre-vingt-neuvième ouvrage
publié chez VLB éditeur.

D0911918

Les textes d'André Pratte et de Franco Nuovo sont reproduits avec l'aimable autorisation des auteurs, de *La Presse* et du *Journal de Montréal*. Qu'ils en soient remerciés. Mes remerciements vont aussi à Robert Laliberté, pour sa fine relecture du manuscrit et ses judicieux conseils.

L. C.

VLB éditeur bénéficie du soutien de la Société de développement des entreprises culturelles du Québec (SODEC) pour son programme d'édition.

Gouvernement du Québec – Programme de crédit d'impôt pour l'édition de livres – Gestion SODEC.

Nous reconnaissons l'aide financière du gouvernement du Canada par l'entremise du Fonds du livre du Canada pour nos activités d'édition.

Nous remercions le Conseil des Arts du Canada de l'aide accordée à notre programme de publication.

L'ART DE DÉFENDRE SES OPINIONS EXPLIQUÉ À TOUT LE MONDE

Du même auteur

POÉSIE

Neurones fragmentés, Trois-Rivières, Écrits des Forges, 1990 (finaliste au prix Octave-Crémazie).

Pavane pour des proses défuntes, Trois-Rivières, Écrits des Forges, 1994 (finaliste au prix Émile-Nelligan).

Folklore (avec Éric Cornellier et Dominique Corneillier), Lanctôt éditeur et Danielle Shelton éditrice, 2001.

ESSAIS

Cinq intellectuels sur la place publique (sous la direction de Louis Cornellier), Montréal, Liber, 1995.

Plaidoyer pour l'idéologie tabarnaco, Montréal, Balzac-Le Griot, 1997.

Devoirs d'histoire. Des historiens québécois sur la place publique, Sillery, Septentrion, 2002.

À brûle-pourpoint. Interventions critiques, Sillery, Septentrion, 2003

Figures québécoises. Portraits critiques, Sillery, Septentrion, 2004.

Foi critique. Débats de fond, Montréal, Novalis, 2004.

Lire le Québec au quotidien. Petit manuel critique et amoureux à l'usage de ceux qui souhaitent bien lire les quotidiens québécois, Montréal, Varia, 2005 (épuisé), et Montréal, Typo, 2008.

Lettre à mes collègues sur l'enseignement de la littérature et de la philosophie au collégial (avec les répliques de Marc Chabot, Michel Morin, Jean-Pierre Girard et Monique LaRue), Québec, Nota bene, 2006.

Louis Cornellier

L'art de défendre ses opinions expliqué à tout le monde

vlb éditeur
Une société de Québecor Média

VLB ÉDITEUR
Groupe Ville-Marie Littérature inc.
Une société de Québecor Média
1010, rue de La Gauchetière Est
Montréal, Québec H2L 2N5
Tél.: 514 523-1182
Téléc.: 514 282-7530
Courriel: vml@sogides.com

Maquette de la couverture: Nicole Lafond

Catalogage avant publication de Bibliothèque et Archives
nationales du Québec et Bibliothèque et Archives Canada
Cornellier, Louis, 1969-
    L'art de défendre ses opinions expliqué à tout le monde
    Comprend des réf. bibliogr.
    ISBN 978-2-89649-073-8
    1. Débats et controverses. 2. Discussion. 3. Argumentation. 4. Discours
argumentatif. I. Titre.
PN4181.C67 2009   808.53   C2009-940158-4

DISTRIBUTEUR
• Pour le Québec, le Canada
  et les États-Unis:
  LES MESSAGERIES ADP*
  2315, rue de la Province
  Longueuil, Québec J4G 1G4
  Tél.: 450 640-1237
  Téléc.: 450 674-6237
  *filiale du Groupe Sogides inc.,
    filiale de Québecor Média inc.

Pour en savoir davantage sur nos publications,
visitez notre site: editionsvlb.com
Autres sites à visiter: editionshexagone.com • editionstypo.com

Dépôt légal: 1er trimestre 2009
Bibliothèque et Archives nationales du Québec, 2009
Bibliothèque et Archives Canada

© VLB ÉDITEUR et Louis Cornellier, 2009
Tous droits réservés pour tous pays
ISBN 978-2-89649-073-8

Introduction

Les gens qui n'ont jamais d'opinions sont mortellement ennuyeux. Dès qu'une discussion s'enclenche, ils se taisent ou affirment que cela ne les intéresse pas. Ce ne sont pas des interlocuteurs stimulants. Comment, d'ailleurs, peut-on se demander, font-ils pour prendre des décisions, pour mener leur vie ? Ah, ils ont bien quelques goûts ou sentiments, mais cela, dans la vie, ne constitue pas une boussole valable. Se contentent-ils, alors, de jouer les suiveurs ? On avouera que ce n'est pas très enthousiasmant comme programme.

En revanche, les gens qui n'ont que des opinions tombent rapidement sur les nerfs. Ils se prononcent sur tout, mais c'est souvent à tort et à travers. Quand on les conteste, ils se contentent d'élever le ton pour répéter des jugements dont ils sont incapables de débattre. Contrairement aux premiers, qu'on pourrait qualifier d'indifférents, ils ont toutefois le mérite de susciter l'intérêt. Eux, au moins, se mouillent, s'essaient, même si la pauvreté de leur argumentation les laisse vite démunis dans l'échange.

Avoir des opinions, donc, ne suffit pas. Il faut aussi savoir les défendre. Devant les autres, et parfois pour soi-même, à l'heure de faire des choix, de prendre des décisions. L'art de défendre ses opinions, qu'on appelle la rhétorique, peut parfois être une activité ludique pratiquée entre amis, mais il est beaucoup plus que ça. Il concerne presque toutes les facettes de l'existence. Qu'il s'agisse de faire des choix de vie, même au quotidien, de prendre position dans des débats politiques ou sociaux, de discuter de culture ou de sport, il s'impose comme un exercice essentiel sans lequel on se condamne à n'avoir rien à dire ou à dire n'importe quoi. Défendre ses opinions, en d'autres termes, n'est pas un passe-temps, comme jouer aux cartes ou faire du ski la fin de semaine, qu'on peut choisir de pratiquer ou non selon son désir. C'est un véritable devoir de citoyen, d'humain dirais-je même, dont on ne se prive qu'au prix de sa propre insignifiance. Rendre raison de ses convictions et comportements et accepter de les confronter avec le point de vue des autres dans la discussion constituent, en effet, une marque de notre humanité.

Nombreux, pourtant, sont ceux et celles qui se refusent à cette invitation au dialogue en prétextant qu'une opinion en vaut une autre, que chacun a droit à son opinion et que, par conséquent, les débats ne sont que stériles. Dans un texte intitulé «La vraie nature de l'opinion» (*La colère*, Lanctôt, 1996), le regretté Pierre Bourgault, un des maîtres québécois du discours d'opinion, réfutait ces affirmations porteuses de relativisme et de démission civique. «Si chacun a le droit d'émettre des opinions, écrivait-il, il n'est pas vrai qu'elles se valent toutes, loin de là.» Le droit, ajoutait-il, ne doit pas être confondu avec la qualité.

Au Québec, pourtant, et certainement ailleurs aussi, cette confusion est fréquente. «L'art de la rhétorique, remarquent par exemple les journalistes Jean-Benoît Nadeau et Julie Barlow dans *Pas si fous, ces Français!* (Points, 2006), est totalement étranger à la culture nord-américaine; à peine sait-on de quoi il s'agit. Mais la rhétorique est aux Français ce que le théâtre est aux Anglais, le chant aux Italiens et le piano aux Allemands. [...] Les Français apprennent à aimer et à perfectionner cet art dès leur plus jeune âge.» N'étant pas tombés dans la marmite de l'éloquence en bas âge, les Québécois entretiendraient donc un rapport plus malaisé avec les débats d'opinions.

Bourgault, qui partage ce constat, suggère deux raisons pour expliquer cette attitude. Il identifie, d'abord, la peur de la «chicane». Nous aurions tendance, selon lui, à confondre échange vif et chicane et, conséquemment, à fuir le débat. Or, débattre, échanger des opinions argumentées, ce n'est pas se chicaner, mais plutôt se donner la chance d'évoluer pacifiquement. «On dirait, note un Bourgault déçu, que les gens n'ont pas compris l'intérêt du dialogue et de la discussion et qu'ils s'imaginent qu'on est bien plus heureux à poursuivre, chacun de son côté, un monologue stérile et débilitant. On n'a pas compris non plus que c'est le dialogue, sans cesse renouvelé et même, à l'occasion, violent, qui écarte la véritable violence qui éclate toujours quand les gens cessent de se parler.»

La seconde raison évoquée par le célèbre polémiste pour expliquer cette réticence à la discussion tient à «la difficulté de défendre intelligemment une opinion». Devant l'effort exigé, donc, on se réfugierait dans le relativisme en prétextant que toutes les opinions se valent. Or cela, bien sûr, est faux. Si les goûts ne se discutent pas vraiment, il n'en va pas de même des opinions. «Il y a, illustre Bourgault, une grande différence entre dire "j'aime les hot-dogs", ce qui relève d'un goût en effet indiscutable, et affirmer que "les hot-dogs sont bons pour la santé", ce qui relève d'une opinion dont il faut savoir démontrer la justesse et la pertinence.»

La bonne opinion, en ce sens, se distinguera de la mauvaise ou de la moins bonne «par la qualité de son argumentation et la pertinence de sa démonstration». À ce stade, on touche au cœur du petit livre que vous tenez dans vos mains: comment, justement, construire une argumentation pertinente et de qualité? À l'heure de convaincre les autres, par écrit ou à l'oral, que son opinion est non seulement valable, mais la meilleure, comment faut-il procéder?

Il existe déjà, sur le marché, des tonnes de traités d'argumentation ou de rhétorique. Pourquoi en proposer un autre? Parce que ceux qui sont disponibles sont presque toujours à ce point complexes et détaillés qu'ils étourdissent l'honnête citoyen au point de le faire décrocher. Rédigés par des philosophes, ils insistent sur la logique de l'argumentation, une approche formaliste et restrictive, la plupart du temps inapplicable dans les débats communs. On y apprend souvent ce qu'il ne faut pas faire (grâce aux fameuses listes de sophismes), mais rarement ce qui est efficace. Ces ouvrages privilégient ce qu'on pourrait appeler une «argumentation en laboratoire» dont les techniques ne sont d'aucune utilité dans la vie quotidienne. Rédigés par des spécialistes, ils ratissent souvent large, mais se perdent en considérations multiples sur les figures et les stratégies fines dont raffolent les experts, mais dont les honnêtes citoyens n'ont que faire dans le feu du débat entre parents, amis, collègues et concitoyens.

Bourgault a raison: «Ce n'est que dans le débat qu'on peut voir la faiblesse d'une opinion par rapport à une autre. Ce n'est que dans l'affrontement que se révèlent les forces et les faiblesses des parties en présence. Ce n'est que dans la discussion qu'on fait avancer la qualité d'une opinion ouverte, sans cesse en mouvement, toujours avide d'une plus grande approximation de la vérité.» Aussi, la participation à ces débats doit, dans une société démocratique éclairée, être accessible à tous, et pas seulement aux experts ou à ceux qui ont consacré de longues études à cet art.

Dans cette optique, ce petit livre ne vise à rien d'autre qu'à fournir aux honnêtes citoyens les outils de base leur permettant de défendre simplement, avec intelligence et efficacité, leur opinion sur divers sujets. Même ceux qui affirment ne pas en avoir pourront en tirer profit. Souvent, en effet, ils en ont, mais leur incompétence à la défendre les confine à un prudent silence. Dans ce cas, plus fréquent qu'on ne le croit, tous y perdent. Ceux qui s'excluent du débat assistent à la défaite de leur point de vue sans combattre et passent pour ennuyeux, et les autres se trouvent ainsi privés de l'aiguillon nécessaire à l'enrichissement de leur propre opinion. S'il est vrai que plus on est de fous, plus on rit, il est tout aussi juste d'affirmer que plus on est de participants au débat, plus celui-ci s'enrichit et s'approche d'une vérité partagée.

Tous, au fond, j'en suis convaincu, ont des opinions. Ce petit livre est donc pour tout le monde. Pour ne plus être obligé de taire ses idées ou de se contenter de les ressasser sans effet par incapacité à les défendre.

CHAPITRE PREMIER
Pour une saine rhétorique

C'est donc à une petite introduction à la rhétorique, entendue dans son sens le plus simple, que ce modeste ouvrage convie l'honnête citoyen. Ce mot, «rhétorique», n'a pas souvent bonne réputation de nos jours. On l'associe à des paroles creuses, visant à tromper. Quand un politicien, par exemple, fait de belles promesses ou s'adonne à la langue de bois, on dit qu'il fait de la rhétorique.

Cette perception négative du mot et de la chose ne date pas d'hier. La rhétorique formelle, en effet, est une invention de ceux qu'on a appelés les sophistes et que la tradition, injustement, s'est plu à mépriser. Contre la «vision inspirée, quasi mystique de la philosophie», défendue par Platon pour qui seule la recherche de la vérité pure importe, les sophistes, explique Christian Godin dans *La philosophie pour les nuls* (First, 2006), affirment que «la parole et la pensée sont des pratiques qu'une technique appropriée peut entraîner, au sens également sportif du terme». À la conception «élitiste et hiérarchique de la connaissance et du pouvoir» de Platon, les sophistes opposent une conception démocratique selon laquelle «n'importe quel citoyen [peut] accéder aux plus hautes charges de la cité comme accéder au savoir le plus noble». Pour eux, de préciser Godin, «le domaine pratique est humain rien qu'humain, il n'est ni naturel ni divin et l'homme est le seul juge de ce qu'il fait». La rhétorique, dans cette optique, tente de dégager les règles de la délibération intersubjective en quête d'une vérité humaine, rien qu'humaine, et par conséquent toujours sujette à contestation.

«Antithèse de la Révélation», selon Breton et Gauthier (*Histoire des théories de l'argumentation*, La Découverte, 2000), l'argumentation «ne relève pas d'une vérité imposée mais d'une conviction à établir. D'ailleurs, elle est affaire moins de certitude que de consensus». Il s'agit de discuter, d'échanger des arguments, pour approcher la vérité. Socrate, par exemple, parle de l'art d'«avoir de l'influence sur les âmes». N'y a-t-il pas là un danger de manipulation? C'est la thèse de Platon.

Il faut attendre Aristote, en fait, pour assister à la première formulation systématique de ce qu'est une saine rhétorique. Platon, on l'a évoqué, situe la vérité au-delà du langage et craint la manipulation par les mots. Les sophistes affirment plutôt que «la» vérité est inconnaissable, que l'homme est «la mesure de toute chose» et que ce qu'on appelle la vérité est le provisoire résultat de nos discussions. Aristote dépasse cette alternative sur deux plans. «D'une part, écrivent Breton et Gauthier, il fait de la rhétorique une technique provisoirement indifférente à la morale, donc amorale plutôt qu'immorale.» Elle est, dit-il, un outil indispensable dont on peut faire bon ou mauvais usage, selon nos intentions. «D'autre part, ajoutent les deux experts, Aristote fait de la rhétorique la technique d'argumentation du *vraisemblable* et non plus de la vérité.» Elle s'applique donc, écrit-il dans sa *Rhétorique*, à «des questions qui sont déjà matière habituelle de délibération» et qui sont «susceptibles de recevoir deux solutions opposées». Son domaine, en d'autres termes, n'est pas celui de l'évidence ou de la démonstration scientifique, mais, précise Olivier Reboul dans *La rhétorique* (PUF, 1984), «celui des relations humaines, où il est impossible d'atteindre au même type d'exactitude et d'objectivité qu'en science, voire qu'en philosophie».

Sur la base de ces considérations, on peut retenir, pour la suite des choses, deux définitions de la rhétorique. Celle d'Aristote, d'abord, résumée par le philosophe Michel Meyer: «La rhétorique est l'exposé d'arguments ou de discours qui doivent ou qui visent à persuader» (*La rhétorique*, PUF, 2004). Celle du philosophe et juriste belge Chaïm Perelman, ensuite, à qui l'on doit le renouveau de la rhétorique au XXe siècle: «L'objet de cette théorie est l'étude des techniques discursives permettant de provoquer ou d'accroître l'adhésion des esprits aux thèses qu'on présente à leur assentiment» (cité dans *Histoire de la rhétorique. Des Grecs à nos jours*, sous la direction de Michel Meyer, Le livre de poche, 1999). Il s'agit de parler ou d'écrire pour convaincre avec efficacité.

Ce qu'on reproche à la rhétorique

Les critiques formulées à l'endroit de la rhétorique sont nombreuses. Olivier Reboul, dans son ouvrage *La rhétorique*, retient les quatre principales et les réfute.

Atteint-on, en s'adonnant à la rhétorique, la vérité? Non, mais le vraisemblable, dans les domaines (politique, société, art de vivre, etc.) où la vérité est fuyante. Le but, dans ces conditions, est de «construire les principes d'une rationalité des affaires humaines qui se tient à distance aussi bien de l'évidence démonstrative, qui leur est peu appropriée, que de l'irrationalité du recours aux passions» (Breton et Gauthier).

N'encourage-t-on pas, en faisant ainsi l'éloge du débat, la fameuse chicane qui fait si peur à tant de monde? Bien sûr, on reconnaît la légitimité des pour et des contre, la nécessité d'un échange qui s'apparente à un affrontement, mais il s'agit là d'une des conditions de la démocratie. L'arme rhétorique, pour autant, ne doit pas être confondue avec une incitation à la violence. «Elle est même exactement le contraire, écrit Reboul, car elle n'est possible que là où l'on dépose les armes, [...] où le combat fait place au débat.» L'argumentation, donc, suppose le désaccord, «mais elle impose une résolution de la mésentente par la discussion, le débat discursif plutôt que l'affrontement guerrier» (Breton et Gauthier).

N'expose-t-on pas, en répandant les outils de la rhétorique, les non-experts à la manipulation? Mis en possession de ces techniques, les esprits pervers et habiles peuvent, en effet, faire des ravages. «Pourtant, de rétorquer Reboul, le seul moyen de n'être pas manipulé par le discours des autres, celui des individus ou celui des institutions, c'est de connaître les techniques qui le rendent persuasif. Plus encore, la rhétorique nous permet de percer à jour les ruses de notre propre discours, d'être lucides envers nous-mêmes; elle est un instrument non seulement de critique mais d'autocritique. Bref, si la rhétorique comme technique peut asservir, comme théorie, elle libère.»

Ne trahit-on pas, enfin, l'esprit de l'argumentation philosophique en privilégiant l'efficacité du discours au détriment de sa pure logique? En reconnaissant la validité et de l'affectif et du rationnel, et non de ce seul dernier, dans l'argumentation, la rhétorique n'abandonne-t-elle pas ce qui est le meilleur de l'humain? «Il est vain, réplique Reboul, de croire que nous puissions jamais penser et décider de façon purement rationnelle, en tout cas pour ce qui nous concerne vraiment. [...] De plus, nos sentiments ne sont pas tous du même type; ils peuvent être aveugles ou clairvoyants, versatiles ou profonds, infantiles ou adultes. Et la valeur d'une rhétorique est fonction de la qualité des sentiments auxquels elle fait appel et qu'elle transfère.» Espérer convaincre en négligeant les sentiments, donc, serait une erreur. Tout, cela étant, n'est pas permis, ne se vaut pas, et la morale a son rôle à jouer dans la décision de recourir ou non à tel ou tel sentiment dans le débat.

Voilà, donc, pour l'histoire, trop brièvement résumée certes, de la rhétorique, pour sa définition et les conditions de sa légitimité. Il est temps, maintenant, de se pencher sur son fonctionnement concret, c'est-à-dire – et c'est ce qui intéresse tout le monde – de voir comment on fait pour convaincre dans presque toutes les situations.

CHAPITRE II
Le coffre à outils

L'art de défendre son opinion s'applique à des sujets qui font débat, à des questions pour lesquelles il y a plus d'une réponse possible. À la question, par exemple, de savoir qui est l'actuel premier ministre du Québec, il n'y a qu'une seule réponse possible. Nous ne sommes pas dans le domaine de l'opinion, mais dans celui de l'information. Cependant, la question de juger si l'actuel premier ministre est un bon premier ministre exige une réponse qui relève pleinement, elle, du domaine de l'opinion. On voit bien la différence : là où l'information se veut une description de la réalité, attachée à l'évidence et au vrai, l'opinion relève plutôt d'une interprétation de la réalité, fondée sur la plausibilité et le vraisemblable.

On n'argumentera donc pas à partir d'une question comme « la guerre en Irak a-t-elle eu lieu ? » pour laquelle il n'y a qu'une réponse possible. On argumentera, cependant, à partir d'une question comme « fallait-il faire la guerre en Irak ? » qui, elle, fait débat et permet plus d'une réponse. C'est, d'ailleurs, précisément pour cette raison (parce qu'elle a de la concurrence) qu'une opinion se doit d'être convaincante.

Pour mener à bien une argumentation, pour développer une opinion assez solide pour au moins faire réfléchir ceux qui ne la partagent pas d'emblée, le débatteur doit disposer d'un coffre à outils regroupant des instruments divers, à utiliser au besoin. Pour résumer avant d'expliciter, on dira donc qu'un texte ou un discours d'opinion se compose de cinq éléments. Le premier est le **sujet du débat**, la question de départ pour laquelle il existe plus d'une réponse possible. Par exemple, que penser de l'actuel premier ministre ou encore faut-il réduire les impôts? Le deuxième est l'**opinion** qu'on souhaite défendre. Par exemple, l'actuel premier ministre est nul et remplit mal sa fonction ou encore une réduction d'impôts aurait plus d'effets néfastes que bénéfiques pour la majorité des contribuables.

Avec les trois autres éléments, nous entrons dans la portion plus théorique de la démarche, celle où le recours au coffre à outils devient nécessaire. Pour défendre son opinion, on a besoin, et c'est le troisième élément, d'**arguments**, c'est-à-dire d'éléments divers qui viennent l'appuyer. Comme l'explique André Comte-Sponville dans son *Dictionnaire philosophique* (PUF, 2001), un argument est «une idée qui tend à en justifier une autre, sans suffire pourtant à l'imposer». Il précise ensuite que «l'argument n'est pas une preuve, mais ce qui en tient lieu quand les preuves font défaut». Manière de dire que même de bons arguments ne sont jamais définitifs.

Le **modèle argumentatif**, parfois appelé schéma, constitue le quatrième élément. Il s'agit de la mise en forme de notre réflexion, de l'ordre dans lequel nous développons et présentons nos arguments. Si nous voulons convaincre, nous devons être logiques et ordonnés, et c'est ce que permettent les trois modèles possibles.

Le cinquième élément, enfin, concerne la **tonalité** de notre argumentation. Souhaite-t-on saisir son interlocuteur par un ton fervent, enflammé, ironique, voire agressif, qui le bousculera ou souhaitons-nous plutôt jouer la carte de la discussion calme, voire froide, qui laisse toute la place au contenu de notre argumentation?

L'art de défendre une opinion se résume donc à une démarche en cinq étapes:

1. Une question de départ qui fait débat
2. La formulation de son opinion
3. Les arguments en faveur de l'opinion défendue
4. Le respect d'un modèle qui ordonne les arguments
5. Une tonalité choisie en fonction du contexte

Les deux premières étapes n'appellent pas vraiment de considérations théoriques. La question de départ s'impose souvent, au quotidien, au gré de l'actualité (faut-il, par exemple, sacrifier la croissance économique pour préserver l'environnement?) ou au gré de la discussion entre amis, parents ou collègues. Pour déboucher sur une argumentation valable, la question doit toutefois être bien formulée et soulever un enjeu précis, ce qui exige parfois de la reformuler pour relancer le débat sur des bases claires. Une question comme «que faut-il penser des impôts?», par exemple, manque de précision et devrait être reformulée pour devenir «faut-il augmenter, réduire ou maintenir les impôts actuels?».

Quant à l'opinion exprimée, elle exige, elle aussi, clarté et précision. Cela demande, bien sûr, pour éviter de dire n'importe quoi, que l'on ait au moins un peu réfléchi au sujet, mais c'est par la suite, à l'heure de la défendre, que les considérations plus techniques vont entrer en ligne de compte.

Je n'ai pas la prétention, ici, de réinventer les bases théoriques de la rhétorique. Depuis les sophistes et Aristote, des milliers de savants ont exploré ce domaine et ont présenté les résultats de leurs travaux dans des ouvrages souvent fascinants. S'est ainsi constitué un cadre conceptuel partagé à plusieurs égards, même si chacun de ces auteurs se démarque par certains détails.

Les considérations qui suivent empruntent surtout à des spécialistes contemporains de la rhétorique (notamment Philippe Breton, Michel Meyer, Olivier Reboul et Marc Angenot), et plus particulièrement, pour ce qui relève de la nomenclature (choix et classement des termes), au didacticien québécois du français Jean-Paul Simard. C'est, en effet, dans un livre de ce dernier, le *Guide du savoir-écrire* (Éditions de l'Homme, 1998), un ouvrage sur les techniques d'écriture destiné au grand public, que j'ai trouvé la présentation la plus efficace des outils de la rhétorique (voir le chapitre IX).

Il n'est pas sans ironie, d'ailleurs, de constater qu'un tel ouvrage de vulgarisation se démarque parmi une foule de travaux savants, souvent trop complexes et détaillés pour être vraiment utiles. Aussi, en rendant hommage à son discret auteur (par ailleurs théologien), je m'inspire donc surtout du cadre conceptuel mis en place par Simard pour présenter une méthode simplifiée de l'art de défendre ses opinions. Je reprends en partie sa nomenclature (elle-même inspirée d'autres travaux), en la bonifiant par des explications et des exemples. Je ne saurais, cela dit, trop conseiller à chacun de consulter cet admirable ouvrage de pédagogie.

CHAPITRE III

Typologie des arguments

Formuler une opinion sans l'appuyer par des arguments ne suffit évidemment pas pour convaincre. Cela peut renseigner son interlocuteur sur la position qu'on a, sur ce qu'on pense, mais reste sans effet. Pour convaincre, il faut démontrer qu'on a raison de penser ce qu'on pense et, pour ce faire, il est essentiel d'avoir des arguments

Il est bien sûr impossible d'établir la liste de tous les arguments possibles pour tous les débats. C'est la raison pour laquelle on parle plutôt de « types » d'arguments, c'est-à-dire de modèles génériques, transposables d'un débat à l'autre. Cette approche plus synthétique permet de réduire à huit les types d'arguments proposés qui englobent presque toutes les possibilités. Certains de ces types sont souvent qualifiés de sophismes (un sophisme, selon *Le Petit Robert*, est un argument faux, malgré une apparence de vérité) par les partisans d'une logique de l'argumentation pure. En rhétorique, ce jugement dépréciatif n'est pas retenu parce que, même malgré leur relative faiblesse, ces arguments (je pense notamment à l'argument d'autorité) peuvent être pertinents et efficaces.

Voici donc cette liste, qui constitue l'outil principal de tout bon débatteur.

1. La référence au fait

Ce type d'argument consiste à s'appuyer sur un ou des faits pour défendre une opinion.

S'il s'agit, par exemple, de convaincre quelqu'un que la conduite en état d'ébriété est dangereuse, on peut se référer à des cas d'accidents précis causés par un tel comportement. Si mon oncle, par exemple, s'est tué en voiture alors qu'il était saoul, je peux utiliser ce fait pour appuyer mon opinion. Dans ce cas-ci, le fait invoqué est anecdotique et risque d'avoir peu d'effet persuasif. Il donne, néanmoins, un caractère concret à mon argumentation.

Dans la mesure du possible, on cherchera toutefois à se référer à des faits significatifs dont la portée est plus large. Pour convaincre quelqu'un que le stade olympique devrait être démoli parce qu'il est dangereux, je pourrais me référer à l'incident de la poutre qui s'est effondrée il y a quelques années ou à celui du toit qui a crevé pendant un salon de l'automobile. Ces incidents, par leur gravité, dépassent l'anecdote et sont très parlants.

Les faits auxquels on se réfère doivent, pour servir à une argumentation honnête, être vrais, vérifiables et pertinents, c'est-à-dire avoir un lien avec l'opinion défendue. Affirmer que le stade olympique est laid, par exemple, n'est pas un fait, mais un jugement esthétique discutable. Certains, en effet, le trouvent beau. Cela ne veut pas dire qu'on doit se priver de cet élément dans l'argumentation générale, mais qu'on ne doit pas le confondre avec un fait, qui est un événement dont la réalité est indiscutable (sauf pour des philosophes en manque de sujet).

La référence au fait peut parfois renvoyer à un fait historique. Lors de la première guerre irako-américaine au début des années 1990, les partisans d'une intervention armée contre Saddam Hussein ont rappelé que la mollesse à l'égard des premières agressions hitlériennes a mené à un élargissement du conflit. Il fallait donc, disaient-ils, agir vite, pour éviter que le désastre se reproduise. Le fait historique qu'ils évoquaient était vrai, vérifiable, mais pas nécessairement pertinent. La preuve restait à faire, en effet, que la stratégie d'Hussein avait suffisamment de points en commun avec celle d'Hitler. Le rappel de ce fait, doublé d'une analogie (si c'était vrai pour Hitler, c'était vrai pour Hussein; voir plus loin), a néanmoins eu son effet sur l'opinion publique. Même s'il tenait de la propagande, il avait au moins le mérite de faire réfléchir, contrairement aux faits inventés, invoqués par George W. Bush pour justifier l'intervention en Irak (les fameuses armes de destruction massive), qui, eux, ne visaient qu'à tromper.

Pour servir d'argument, la référence au fait doit toujours s'accompagner d'une interprétation.

Il faut expliquer pourquoi le fait invoqué vient appuyer l'opinion défendue, c'est-à-dire qu'il faut démontrer sa pertinence. Souvent, cela exige l'usage d'un deuxième type d'argument. Par exemple, on partira d'un fait pour formuler un argument de type cause-conséquence (voir plus loin), une analogie (Hitler = Hussein) ou pour faire appel aux valeurs. Dans le cas du débat sur la réduction des impôts au Québec, on pourra faire référence au fait que, aux États-Unis, une telle réduction n'a profité qu'à l'infime minorité très riche des Américains. Ensuite, dans une logique cause-conséquence, on ajoutera qu'il en irait sûrement de même au Québec.

2. L'appel aux résultats d'études

Ce type d'argument, qui constitue souvent un complément très efficace du premier, consiste à faire appel à des résultats d'études, de recherches ou, parfois, de sondages, pour appuyer une opinion.

Ainsi, mon argument de fait affirmant que mon oncle s'est tué au volant alors qu'il était en état d'ébriété est sûrement trop anecdotique pour convaincre un interlocuteur réticent à partager mon opinion que ce comportement est dangereux et doit être combattu. Si j'ajoute, cependant, qu'une étude de la Société de l'assurance-automobile du Québec en est arrivée à la conclusion qu'un tiers des accidents graves au Québec sont liés à l'alcool au volant, je cours la chance d'avoir plus d'effet. Ce résultat d'étude donne à mon opinion un fondement scientifique qui vient renforcer le récit ayant mon oncle comme acteur. Je ne suis plus, grâce à lui, dans l'anecdote.

Parfois, d'ailleurs, c'est la logique inverse qui prévaut. Au lieu, par exemple, de me servir de statistiques pour renforcer mon opinion, je peux les utiliser pour contredire un argument anecdotique adverse. Si quelqu'un me dit que fumer n'est pas dangereux pour la santé puisque son grand-père, qui a fumé toute sa vie, est mort à 90 ans, je peux lui servir des statistiques sur les ravages de la cigarette, opposant ainsi le poids du nombre des victimes au cas singulier de son aïeul. Si un autre me dit que l'homéopathie le guérit de son mal de dos, je peux lui citer des études scientifiques qui démontrent l'inefficacité de cette thérapie.

Pour être valable, cela dit, ce type d'argument doit indiquer sa source (qui a réalisé l'étude? est-ce une personne ou un organisme crédible? est-il en conflit d'intérêts?), fournir des données précises et, encore une fois, être pertinent, c'est-à-dire avoir un lien avec le débat en cause. Se contenter de dire «j'ai lu une étude qui montre que…» ne suffit pas.

3. L'argument d'autorité

Ce type d'argument consiste tout simplement à s'appuyer sur un expert dans la matière en débat pour donner du poids à son opinion. Il est impossible, pour le simple citoyen, d'être un expert en tout. Cela ne signifie pas pour autant qu'il doit abandonner les domaines qu'il connaît moins aux seuls experts.

La thèse du réchauffement climatique, par exemple, provient des milieux scientifiques de pointe. La façon d'y réagir, pourtant, concerne tout le monde puisqu'elle entraîne des conséquences sociales, économiques et politiques qui affectent la vie de tous. Dans une perspective démocratique, le simple citoyen a donc non seulement le droit, mais le devoir de prendre part à ce débat. Le recours à l'argument d'autorité, dans ce contexte, prend tout son sens.

Faut-il, par exemple, appuyer le Protocole de Kyoto qui préconise une réduction draconienne des émissions de gaz à effet de serre et, donc, d'importantes contraintes pour certains secteurs économiques? Même en admettant que tous partagent le même souci pour l'avenir de la planète (une opinion qui repose sur un jugement de valeur), la chose n'est pas évidente. Si je pense que l'application du Protocole de Kyoto est essentielle, je pourrai appuyer mon argumentation en mentionnant que le biologiste et explorateur québécois Jean Lemire va lui aussi en ce sens. C'est une manière de faire comprendre à mon interlocuteur qu'une autorité en la matière (ce que je ne suis pas) partage ce point de vue. Si, au contraire, pour toutes sortes de raisons, j'ai des doutes quant à la pertinence de ce protocole, je citerai plutôt le géologue français Claude Allègre qui, dans un essai intitulé *Ma vérité sur la planète* (Pocket, 2008), parle de ce document comme de «l'un des traités internationaux les plus absurdes qui aient jamais été proposés [...] parce que le rapport coût/ résultat est absurdement élevé».

L'argument d'autorité, en plusieurs milieux, n'a pas très bonne réputation et est souvent qualifié de sophisme. Il est vrai, en effet, que le fait qu'un expert pense la même chose que moi ne me donne pas pour autant raison dans l'absolu. Les experts, on le sait bien, se trompent eux aussi et, de plus, s'entendent rarement entre eux. L'exemple mentionné plus haut le montre bien. Les pour ont leurs experts, les contre ont les leurs.

Comment, alors, trancher? Dans l'absolu, c'est impossible. On peut, cela dit, soumettre la valeur des compétences en cause à quelques critères. L'autorité sur laquelle on s'appuie est-elle en conflit d'intérêts? Le point de vue d'un chimiste à l'emploi d'une grande pétrolière n'est pas très crédible dans le débat sur l'attitude à adopter face aux changements climatiques. Cette autorité, ensuite, en est-elle vraiment une? Un biologiste, comme Lemire, est certes un scientifique, mais sa compétence en matière climatique n'est pas aussi développée que celle d'un climatologue ou que celle d'un géologue, comme Allègre.

Il faut souligner, enfin, que l'argument d'autorité n'est jamais, comme n'importe quel autre type d'argument d'ailleurs, suffisant en lui-même. Il donne toutefois du poids à notre argumentation générale en lui ajoutant un avis dont la crédibilité, dans la matière débattue, est souvent plus grande que la nôtre.

4. L'appel aux sentiments

L'appel aux sentiments consiste à essayer de faire vibrer son interlocuteur (toucher «sa corde sensible») pour le convaincre.

Il s'agit, ici, d'un des plus délicats types d'arguments qui soient. En logique pure de l'argumentation, on le fuit comme la peste. En rhétorique, on le considère avec plus d'égards puisqu'on reconnaît que les sentiments et les émotions jouent un rôle important pour emporter la conviction. On insiste, cependant, sur la prudence nécessaire au maniement de ce type d'argument qui peut facilement glisser vers la manipulation ou l'insignifiance.

Pour l'illustrer, prenons un exemple que tous connaissent bien. Dans un téléthon pour la recherche sur les maladies infantiles, on utilise, pour convaincre les téléspectateurs de faire des dons, plusieurs types d'arguments. Des faits: tel programme, dans tel hôpital, qui a aidé tels enfants, a été financé grâce à vos dons. Des résultats d'études: on guérit ou aide maintenant tel pourcentage d'enfants avec des programmes rendus possibles grâce à vos dons. L'argument d'autorité: le médecin X appuie notre démarche, tout comme le célèbre artiste Y (ce qui montre que nous sommes efficaces et honnêtes).

On utilise aussi l'appel aux sentiments. Sans cesse, on rappelle aux téléspectateurs que les petits malades (qui attirent immédiatement notre compassion) pourraient être nos propres enfants. Le téléspectateur se dit alors : en effet, et, si c'était le cas, j'aimerais bien qu'on nous aide. Il devient donc plus disposé à la générosité.

Est-ce de la manipulation ? Dans ce cas précis, il me semble que non. Il est vrai, en effet, que les maladies infantiles frappent indistinctement et qu'il s'agit d'une épreuve exigeant de l'entraide. Mon émotion, ici, ne me trompe pas. Cela, évidemment, ne signifie pas que je doive faire taire mon esprit critique. Je dois alors m'interroger sur la meilleure façon d'aider ces enfants, me demander si l'organisme en cause est digne de confiance, etc. Cette attitude critique tout à fait saine, cela dit, ne rend pas le recours à l'émotion de celui qui sollicite mon aide condamnable. Il y a une part de vérité dans ce qui me touche.

L'opposant à la guerre qui rappelle qu'elle entraîne la mort de trop nombreux innocents fait aussi appel aux sentiments. En soi, cet argument ne suffit pas à discréditer toute guerre (on pourrait lui rétorquer que ne pas faire certaines guerres entraînera la mort d'encore plus d'innocents), mais il oblige à réfléchir plus avant, à vraiment justifier un éventuel recours à cette solution ultime. Même s'il est essentiellement émotif, il n'est pas anti-rationnel pour autant.

À l'opposé, toutefois, une mère qui dit à son enfant «Ne fais pas ça, tu vas faire pleurer ta mère» fait moins appel aux sentiments qu'elle ne s'adonne au chantage émotif. De la même manière, le politicien qui annonce d'importantes réductions budgétaires sous prétexte de protéger l'avenir de nos enfants est plus démagogique que sincère. Nuire aux parents, dans l'immédiat, pour aider les enfants, plus tard, relève d'une logique pour le moins tordue.

L'appel aux sentiments doit donc être jugé en contexte, en fonction de la part de vérité pertinente au débat qu'il contient et de sa compatibilité avec le rationnel. Quand l'émotion s'oppose à la raison, la plus grande prudence s'impose.

5. L'appel aux valeurs

Ce type d'argument est fondamental. Toutes les opinions et convictions reposent, au fond, même si on n'en est pas toujours conscient, sur des valeurs. Une valeur, écrit André Comte-Sponville dans son *Dictionnaire philosophique* (PUF, 2001), c'est simplement «ce qui vaut, et le fait de valoir», sans avoir un prix au sens économique du terme. C'est la liberté, la justice, l'égalité, la dignité, la santé, le respect, la sécurité et bien d'autres encore.

La loi sur l'interdiction de fumer dans les lieux publics, par exemple, repose sur l'idée que la santé publique et le respect des non-fumeurs valent plus que la liberté des fumeurs de s'adonner à leur pratique. Bien sûr, dans ce débat, les deux camps ont usé de faits, de résultats d'études, d'arguments d'autorité et de sentiments, mais ce sont les valeurs précédemment nommées qui ont pesé le plus lourd dans la balance. Cela ne signifie pas que la liberté de fumer ne vaut rien. Cela signifie seulement que, collectivement, on a décidé qu'elle valait moins que d'autres valeurs.

Prenons un autre exemple. L'objectif gouvernemental de réduire les impôts est-il valable? Le citoyen d'allégeance social-démocrate répondra non. Puisque les impôts servent à financer les services publics et, par conséquent, à assurer une certaine égalité des citoyens quant à l'accessibilité à des services essentiels, ce citoyen s'opposera à leur réduction. Son adversaire de tendance libérale (capitaliste, diront ceux qui ne partagent pas son opinion), lui, la souhaitera, en prétextant qu'elle augmente sa liberté de faire ce qu'il veut avec son argent. Si on pousse la réflexion plus loin, on verra que le premier chérit la solidarité comme mode de fonctionnement sociopolitique juste, alors que le second n'envisage de justice que dans un système qui fait place à une saine compétition.

Évidemment, d'autres arguments sont en jeu dans ce débat. Les deux camps, par exemple, revendiqueront la plus grande efficacité collective (encore une valeur) de leurs positions respectives à l'aide de résultats d'études (statistiques), d'arguments d'autorité (tel économiste affirme que…), de faits (dans tel pays, les choses se passent ainsi) et même de sentiments (nous ne pouvons pas abandonner les enfants pauvres, par exemple), mais c'est leur attachement à des valeurs distinctes qui, en dernier ressort, les divisera. Et comme cet attachement est toujours le résultat non seulement d'une réflexion, mais d'un parcours de vie, il est difficile d'en changer, ce qui explique pourquoi plusieurs débats semblent insolubles. Convaincre le capitaliste que la solidarité vaut mieux que la concurrence ne sera jamais une sinécure. De la même façon, l'inquiet choisira souvent la sécurité, là où l'audacieux s'accrochera à la liberté. Le catholique de stricte obédience défendra le respect de la vie à tout prix (ou presque) en phase terminale, alors qu'un autre lui opposera comme valeur la dignité.

Dans un débat, l'éthique de la discussion exige de chacun qu'il affiche ses convictions profondes, donc ses valeurs, en toute transparence. Pour dépasser le choc des valeurs qui en résulte, on peut toutefois essayer de trouver des points de convergence inattendus.

On a vu, dans le débat sur les impôts, que le partisan de leur réduction s'appuie sur la valeur de la liberté. Pour le convaincre de modifier son point de vue sans renier la valeur qui le fonde, on peut accepter d'aller jouer sur son terrain. Si la liberté vaut pour lui, en effet, elle doit aussi valoir pour tous. Or, quelle liberté reste-t-il au pauvre privé des moyens d'assumer sa santé et son éducation ? On peut donc plaider (selon une logique cause-conséquence) que le peu de liberté dont se prive le riche en payant des impôts permet un important gain de liberté pour le plus pauvre, une opération qui, au total, résulte en une augmentation de la liberté globale. En ce sens, même le partisan de la liberté, s'il n'est pas un égoïste, devrait s'opposer à une réduction d'impôts.

On peut même aller plus loin en expliquant à son interlocuteur libéral qu'une réduction d'impôts (avec la diminution de la redistribution de la richesse qui s'ensuit) risque de laisser les plus pauvres encore plus démunis et de les réduire, peut-être, à la délinquance et à la criminalité pour survivre (cause-conséquence). Il faudrait alors, pour s'en protéger, augmenter les effectifs policiers et les dispositifs sécuritaires, donc réinvestir en répression les sommes jadis dévolues aux services publics, ce qui ne contribue pas à l'augmentation de la liberté, tout en nuisant à la solidarité. On lui exposerait ainsi que la liberté, pour être viable, a besoin de la solidarité, donc des impôts. Il ne sera peut-être pas convaincu, mais ébranlé, oui, certes.

Les valeurs, je le répète, déterminent nos opinions et convictions. Dans un débat honnête, il faut donc y avoir recours et essayer de convaincre son interlocuteur que les valeurs qu'on défend sont, sans hésitation possible, les meilleures, sans pour autant mépriser les siennes, ce qui n'aurait pour effet que de le faire se braquer.

6. L'argument cause-conséquence ou l'hypothèse d'un lien causal

Cet argument consiste à présumer les effets favorables ou défavorables engendrés par l'acceptation ou non de notre thèse. L'émetteur réfléchit de la façon suivante : si on adhère à mon opinion (cause), cela entraînera des effets (conséquences) souhaités. Ou à l'inverse : si on n'adhère pas à mon opinion, cela entraînera des effets nuisibles. Comme, souvent, ces effets présumés sont à venir, on parle donc aussi de l'hypothèse d'un lien causal.

Reprenons l'exemple de la réduction des impôts. Si je m'y oppose, je réfléchirai comme suit : une baisse d'impôts entraînera nécessairement une baisse des revenus du gouvernement (cause), ce qui aura pour effet d'affecter la qualité des services publics (conséquence). Il s'agit, on le voit, d'une hypothèse. La preuve, c'est que ceux qui prônent une réduction des impôts proposent une suite logique différente. Une telle réduction, suggèrent-ils, stimulera l'économie, ce qui aura pour effet d'enlever des charges au gouvernement (aide sociale, programmes sociaux) et, donc, de ne pas faire diminuer ses revenus. Qui dit vrai ? Souvent, ce sont les valeurs auxquelles on adhère qui mèneront à pencher vers l'une ou l'autre de ces hypothèses.

Ce type d'argument est souvent présenté conjointement avec une référence aux faits. Pour appuyer l'hypothèse selon laquelle une réduction d'impôts nuirait à la qualité des services publics, on pourra se servir de l'exemple américain (fait). Les contribuables de ce pays paient proportionnellement moins d'impôts que les contribuables québécois. C'est un fait vérifiable. Par ailleurs, autre fait, les services publics dans ce pays sont nettement moins développés que ceux du Québec. Conclusion possible : la même cause appliquée ici aurait les mêmes conséquences. Ce recours aux faits rend l'hypothèse plus probable, donc plus convaincante.

Cette stratégie, cela dit, n'est pas toujours possible. Je peux présumer que la popularité d'un sport comme la course automobile (cause) incite ses fans à la vitesse sur les routes et risque d'entraîner plus d'accidents (conséquence), mais il s'agit d'un lien de causalité difficile à illustrer par des faits concrets (même si des témoignages en ce sens existent) qui en montreraient l'évidence. De la même façon, je peux m'opposer à une augmentation des limites de vitesse sur les routes. Aujourd'hui, dirais-je, la limite, sur les autoroutes, est à 100 km/h et plusieurs vont à 120 km/h. Donc, si on augmente cette limite à 120 km/h (nouvelle cause), on peut présumer que plusieurs iront à 140 km/h (nouvelle conséquence, qui respecte la logique de la situation actuelle). Or, ce n'est qu'une hypothèse. Un argument qui ferait état d'études réalisées dans des pays où la limite est déjà à 120 km/h pourrait toutefois me servir, le cas échéant, à la renforcer.

Il est important de s'assurer, lorsqu'on utilise ce type d'argument, que le lien présumé (et non assuré) entre la cause et la conséquence mises en avant est plausible et bien défini. Affirmer, par exemple, sans plus de précision, que la souveraineté du Québec (cause) serait une catastrophe (conséquence) n'est pas un argument, mais une opinion sans fondement. Si le lien établi entre la cause et la conséquence est fragile, subjectif et tiré par les cheveux, il fera sourire l'adversaire au lieu de le convaincre.

7. L'analogie

Dans leur *Petit traité de l'argumentation en philosophie* (CEC, 1996), Legaré et Carrier écrivent du raisonnement par analogie qu'il « établit une comparaison entre deux relations : il suppose que la relation entre deux réalités est transposable à celle qui existe entre deux autres réalités ».

Ainsi, pour prendre un exemple amusant, si un jeune étudiant du collégial qui a une nouvelle blonde vient me consulter pour savoir s'il devrait aller vite en affaires dans cette nouvelle relation, je pourrai lui répondre par l'analogie suivante : aller vite en amour, c'est comme aller vite en voiture ; c'est peut-être grisant à court terme, mais toujours dangereux à long terme. Je transpose donc ce que je considère vrai pour la conduite automobile à la relation amoureuse. Ce type d'argument frappe l'imagination et est souvent efficace, mais exige, comme le précédent, d'être manipulé avec soin puisque, comme le dit un adage célèbre, «comparaison n'est pas raison».

Dans un texte où il défendait l'opinion selon laquelle les personnes qui exercent l'autorité (directeurs d'école, policiers) doivent avoir une marge de manœuvre et ne pas être soumis à l'application stricte de règlements écrits («Les skinheads et l'autorité», *La Presse*, 15 septembre 1990), le philosophe Jacques Dufresne mettait en scène une discussion entre un directeur d'école et un skinhead. Le règlement de l'école dit que les élèves doivent être habillés convenablement. Le skinhead se présente à l'école avec une chaîne à la taille. Le directeur, au nom du règlement, dit au jeune que son costume ne correspond pas aux normes. Réplique de ce dernier : «Mais, Monsieur, la chaîne n'est pas interdite dans le règlement.» Réponse du directeur : «Le règlement n'interdit pas non plus d'uriner dans les pupitres.»

On voit l'analogie. Le règlement dit qu'il faut se comporter correctement, mais ne peut détailler toutes les folies comportementales à éviter. Cette logique vaut aussi pour la rubrique vestimentaire. Ce qui est vrai et accepté dans un cas doit donc l'être dans l'autre. L'analogie, on le constate ici, se rapproche souvent de l'argument cause-conséquence. Dans l'exemple utilisé, on aurait ainsi pu dire : puisque le règlement ne pourra jamais tout inclure (cause), il est nécessaire que la personne qui a pour mandat de le faire appliquer dispose d'une marge de manœuvre (conséquence). L'analogie a toutefois le mérite, par son caractère imagé, de frapper l'imagination plus fort.

Toutefois, utilisée de manière isolée ou absolue (comme seul et unique argument), elle ne vaut souvent pas grand-chose. Si quelqu'un prétend que l'on devrait légaliser la prostitution sous prétexte qu'elle a toujours existé (argument qui fait appel à la tradition; voir plus loin), on peut être tenté de lui opposer l'analogie suivante: faudrait-il, alors, légaliser aussi le meurtre? On respecte, ce faisant, le principe de l'analogie (on applique à une réalité ce qui est tenu pour juste dans une autre), mais on se livre surtout à du cabotinage. Le meurtre est un crime universellement condamné, alors que la prostitution est une activité certes contestable, mais qui n'apparaît pas de même gravité. Aussi, dans le contexte, cette analogie a le mérite de faire voir que l'argument de l'adversaire est faible, mais elle ne tranche en rien la question sur le fond puisque les deux réalités qu'elle met en relation, sauf pour quelques fondamentalistes, ne sont pas comparables.

Critiquée par plusieurs qui l'assimilent à un sophisme, l'analogie, en rhétorique, reste un type d'argument valable, mais doit être utilisée avec tact et de bonne foi pour être convaincante.

8. L'appel à la tradition

Dans plusieurs ouvrages consacrés à l'argumentation, ce type d'argument est lui aussi classé parmi les sophismes. Cela se comprend. L'appel à la tradition, en effet, consiste à défendre une opinion en s'appuyant sur l'ancienneté de l'idée ou du fait qu'elle met en avant. Ainsi, je pourrais dire qu'il ne sert à rien de combattre la prostitution puisqu'elle existe depuis toujours ou encore qu'il est normal que les femmes s'occupent plus des enfants que les hommes puisque, dans l'histoire, il en fut toujours ainsi.

On constate facilement la fragilité de tels raisonnements. Comme l'indiquent Legaré et Carrier dans leur *Petit traité de l'argumentation en philosophie*, « cet argument est faible, car il entend juger le présent à la seule lumière du passé, sans autre forme d'analyse. N'est-il pas effarant de se représenter ce que serait la condition humaine si au cours de l'histoire les choses n'avaient pas changé ? » L'esclavage, en effet, n'aurait jamais été aboli, les femmes auraient moins de droits que les hommes et les ordinateurs n'existeraient pas !

Pourquoi, alors, conserver ce type dans une liste d'arguments valables ? Tout simplement parce que l'appel à la tradition, malgré ses insuffisances, garde une valeur réflexive. En général, il est invoqué pour s'opposer à un changement. Selon la logique d'un adage anglais qui affirme « *if it ain't broke, don't fix it* », il nous dit : « Pourquoi changer quelque chose qui a satisfait des générations entières ? »

Les opposants à la réforme du système d'éducation québécois des années 2000 emploient ce type d'argument en rappelant que l'ancien système a donné de beaux fruits et qu'il serait risqué de le modifier de fond en comble au nom d'une amélioration seulement présumée. L'appel à la tradition, dans ce contexte, devient une référence aux faits (les exemples de réussite scolaire du passé sont nombreux) qui s'oppose à des conséquences incertaines (puisque le nouveau système n'a pas vraiment été essayé, son efficacité reste à prouver).

Dans le cas d'une tradition devenue détestable avec l'évolution des mentalités (esclavage, discrimination des femmes, des handicapés), ce type d'argument fera toujours chou blanc. Toutefois, dans les cas de traditions éminemment respectables malgré leurs lacunes (système d'éducation d'avant la réforme, ancienne grammaire), il a le mérite de soulever un nécessaire devoir de prudence quant aux changements suggérés.

Le respect de la tradition, de plus, a un autre mérite, plus important encore, qui est celui de conserver un monde commun aux diverses générations. Dans les années 1980, par souci de moderniser son image, le Club de hockey Canadien de Montréal a lancé l'idée de modifier son logo. Cette proposition a été accueillie par une levée de boucliers. On ne peut pas, disait-on alors, toucher à une telle tradition. Des générations d'hommes québécois, en effet, s'étaient identifiés et s'identifiaient toujours au fameux CH, le même pour tous, jeunes ou vieux. Ce symbole rassembleur était un des seuls qui permettait la rencontre sur un territoire commun des hommes québécois de tous âges. Quand j'avais 10 ans, mon grand-père en avait 60. Nous n'avions, à vrai dire, presque rien en commun, sauf le CH, cette tradition qui nous rassemblait. Cela, il n'est pas difficile de le reconnaître, vaut quelque chose. À l'époque, les dirigeants du Canadien ont reculé et le logo n'a pas été modifié.

L'ancienneté, on l'a vu, n'est jamais un argument suffisant. Plusieurs mauvaises idées ou choses existent depuis longtemps et n'en ont pas plus de valeur pour autant. Dans le cas, toutefois, de traditions qui, sans être sans défauts, ont eu leurs mérites, le rappel de ces derniers conserve sa pertinence. Si le monde n'avait jamais changé au cours de l'histoire, la condition humaine serait assurément moins réjouissante qu'aujourd'hui, mais si tout avait changé, de quelle condition humaine parlerait-on? La tradition, je le répète, n'est jamais, à elle seule, une raison forte, mais, dans certains cas, les valeurs qu'elle porte et les faits qu'elle a suscités, eux, oui, peuvent l'être.

L'objectif : le meilleur bricolage possible

«En dépit des prétentions philosophiques à la recherche incessante et à la découverte de vérités absolues sur les choses humaines, dans la vie, explique l'analyste du discours social Marc Angenot, on argumente par le doxique, par le probable, on y met du pathos, et on y joint des figures «oratoires», parce qu'on n'a pas le choix» (*Dialogues de sourds*, Mille et une nuits, 2008). Dès que l'on quitte, donc, le domaine de la logique formelle, qui s'apparente à une argumentation en laboratoire telle qu'elle n'existe pas dans la vie courante, argumenter ne signifie pas démontrer de façon absolue et définitive, mais plutôt bricoler un raisonnement à l'aide d'arguments dont la somme contribue à la plausibilité de sa thèse ou opinion.

Certains, parmi ceux-là, seront plus forts que d'autres, mais ce ne seront pas toujours les mêmes pour tous. Un interlocuteur à l'esprit mathématique sera plus sensible aux appels aux résultats d'études, alors qu'un autre, porté sur la morale, retiendra davantage nos appels aux valeurs. Aussi, pour mettre toutes les chances de notre côté, il faut ratisser le plus large possible, se préoccuper du public auquel on s'adresse (non par opportunisme, mais par stratégie), prévoir, si possible, les objections et y répondre par avance et offrir, donc, le plus solide bricolage qui soit.

Nos adversaires peuvent avoir de bons arguments. Il s'agit d'en avoir plus, et des meilleurs. Dans cette entreprise, la brève liste de types d'arguments qui précède et qui regroupe l'essentiel de l'arsenal argumentatif sur le plan du contenu est indispensable.

Des arguments insignifiants

Les débatteurs inexpérimentés sont souvent tentés, dans le feu de l'action, de recourir à des arguments passe-partout qui sont vides de sens et, par conséquent, inaptes à convaincre, malgré leur apparence d'évidences. Il importe, si on cherche l'efficacité, de les éviter.

Le plus fréquent est le faux argument du «gros bon sens». Cette formule, une des préférées des démagogues, ne signifie, en soi, strictement rien. Pour un souverainiste, la souveraineté du Québec relève du gros bon sens. Pour un fédéraliste, au contraire, c'est le maintien du lien fédératif qui a ce statut. Cela est parfaitement compréhensible. Si l'on considérait que notre opinion heurte le bon sens, on en changerait! Chacun, donc, croit l'avoir de son côté. Aussi, l'invoquer comme un argument ne sert à rien.

On peut dire la même chose de l'argument qui en appelle à la recherche d'un «juste milieu». Souvent utilisée comme un automatisme par les profanes, cette formule, en elle-même, n'a pas de valeur. Entre Hitler et Mère Teresa, faut-il chercher un entre-deux? On voit bien que cela n'a aucun sens.

Ce fameux juste milieu, cher à Aristote, ne peut valoir que dans les cas où deux valeurs respectables sont en cause. La social-démocratie, par exemple, est une sorte de juste milieu entre le laisser-faire du libéralisme et l'égalitarisme du communisme. Elle vaut moins, cela dit, à ce titre qu'en elle-même. Vaut donc mieux la défendre pour ses qualités propres qu'à titre de dérivé modéré des deux autres.

Véritable sophisme, l'argument d'appel à la majorité doit aussi être évité. Qu'une opinion soit partagée par plusieurs, voire par presque tous, n'est pas une indication de sa vérité ou de sa pertinence. Sous Hitler, les partisans du nazisme, en Allemagne, étaient majoritaires. Pourtant, ils avaient tort. Évidemment, avoir la majorité de son côté peut rassurer et l'avoir contre soi, inquiéter. Tenir compte de notre rapport à cette majorité, dans un débat, est important pour des raisons stratégiques. Minoritaires, nous savons que nous aurons fort à faire pour convaincre. Sur l'essentiel, sur le fond de la question, cela ne nous dit toutefois rien. De la même manière, la marginalité d'une pensée ne saurait tenir lieu d'argument.

Le recours à l'étymologie d'un mot (son origine ou sa filiation) ne peut pas vraiment servir d'argument. Que le mot «travail», par exemple, provienne de *trepalium*, qui désignait un instrument de torture, ne signifie pas que tout travail, aujourd'hui, soit assimilable à de la torture. Dans bien des cas, en Occident, les progrès technologiques et les luttes syndicales ont modifié la nature du travail et ont rendu ce dernier, sinon agréable, au moins tolérable. Aussi, plaider en faveur de la fin du travail sous prétexte que l'étymologie du mot indique le caractère nécessairement pénible de la chose est une erreur. Il s'agirait, dans ce cas précis, d'une sorte d'appel à la tradition (le travail, c'était ça) que l'évolution du monde a rendu caduc. Dans l'argumentation, le recours à l'étymologie peut servir à clarifier des concepts et définitions, contribuer à l'intelligence de certains débats en en fournissant l'historique, mais il faut toutefois convenir, comme le précise André Comte-Sponville dans *L'amour la solitude* (Le livre de poche, 2004), «qu'une étymologie ne prouve rien».

Une remarque, enfin, s'impose sur une attitude fréquemment rencontrée lors de débats entre non-experts. Confrontés à une question délicate (faut-il, par exemple, être pour ou contre l'échangisme ?), ces derniers se rabattent souvent sur la formule selon laquelle «ça dépend de chacun». Il s'agit là, clairement, d'une esquive, d'un refus de se prononcer et de débattre. Si on n'a pas d'opinion sur une question quelconque, mieux vaut le dire franchement et s'abstenir. Si on en a une, c'est forcément qu'on la croit meilleure que les autres, et il s'agit alors d'expliquer pourquoi en espérant convaincre.

Dans le domaine de la rhétorique, le relativisme de principe (toutes les opinions se valent, selon les personnes et les circonstances) n'a pas sa place, sauf s'il s'agit de débattre de la pertinence de cette position même (ce débat est d'ailleurs un classique de la philosophie). Pourquoi s'échiner à convaincre, en effet, si tout se vaut ?

CHAPITRE IV

Les formes de l'argumentation

Cette section ne concerne pas le contenu de l'argumentation, mais sa mise en forme. Elle présente, très simplement, trois démarches distinctes visant à encadrer l'argumentation. Il s'agit toujours de défendre *son* opinion, mais en usant de stratégies différentes selon les contextes.

La démonstration

C'est la forme élémentaire du discours argumentatif. Elle consiste à défendre son opinion de manière unilatérale. Celui qui l'utilise procède de la façon suivante.

Dès l'introduction, après avoir mis le sujet du débat en contexte (pourquoi, au juste, parle-t-on de ce sujet et quelle question soulève-t-il?), il formule l'opinion qu'il entend défendre et lui donne une direction d'ensemble (on peut diviser le sujet en évoquant un à un les arguments qui suivront ou simplement mentionner les lignes de force de l'argumentation).

Ensuite, dans le développement qui peut être plus ou moins long suivant le contexte, le débatteur expose ses arguments selon une règle simple (à l'écrit) : un argument, un paragraphe. Il peut être utile, parfois, dans la présentation des arguments, de les identifier par leur type (ex. Je ferai ici une analogie, j'en appelle à telle valeur, etc.), mais ce n'est pas toujours approprié et cela risque d'alourdir le texte (ou le discours) en le rendant très pédagogique.

Il ne lui reste, ensuite, en conclusion, qu'à réitérer (souvent en d'autres termes, pour éviter les plates redondances) son opinion de départ et à redire, en une formule générale, pourquoi on devrait y adhérer.

L'argumentation, ici, est tout entière consacrée à l'illustration de la valeur d'une opinion. Ce modèle n'interdit pas de faire, au passage, des concessions aux opinions adverses (c'est-à-dire reconnaître que, sur un aspect particulier, elles peuvent avoir raison), mais ce sera pour les relativiser ou les faire servir à notre point de vue.

La délibération

Plus raffiné, ce modèle sert essentiellement dans les cas où une opinion emprunte à deux thèses adverses ce qu'elles ont de meilleur afin d'aboutir à un compromis ou à un dépassement. On l'utilise dans les situations où l'on ressent le besoin de délibérer, c'est-à-dire de peser le pour et le contre, selon la démarche, dite dialectique (un mot savant pour évoquer le dialogue, la discussion), thèse-antithèse-synthèse. Celui qui l'utilise procède de la façon suivante.

Dès l'introduction, après avoir mis le débat en contexte, il formule une opinion de départ qu'il trouve valable. Il appuie ensuite cette opinion par divers arguments (et en respectant la règle : un argument, un paragraphe).

Dans un deuxième temps, et dans une étape absente du premier modèle, il présente l'opinion contraire et les arguments qui la fondent.

Arrive, enfin, la troisième et dernière étape, la synthèse, dans laquelle il s'agit de tenter un compromis entre les deux étapes précédentes ou, plus rarement, de proposer un dépassement, c'est-à-dire une position qui inclut le meilleur de la thèse et le meilleur de l'antithèse, tout en les transcendant. Le débatteur, par exemple, conservera son idée de départ, mais en l'ayant améliorée grâce aux objections contenues dans l'antithèse, ou encore il choisira plutôt d'adopter l'essentiel de l'antithèse, dans une version enrichie par certains des éléments contenus dans la thèse.

Le choix de ce modèle implique donc, on le voit, que le débatteur reconnaisse aux deux thèses en présence une certaine valeur et qu'il souhaite montrer que sa conclusion est issue d'un processus réflexif qui les intègre.

Dans un texte déjà utilisé comme exemple (voir, dans la section sur l'analogie, l'exemple du jeune skinhead qui revendiquait d'enfreindre le code vestimentaire), le philosophe Jacques Dufresne utilise ce modèle avec brio. Son opinion de départ (thèse) affirme que les personnes en position d'autorité qui ont pour mandat de faire respecter un règlement doivent avoir une marge de manœuvre, pouvoir exercer leur jugement avec une part d'arbitraire. Dans l'antithèse, il expose toutefois les dangers de dérapage induits par une telle approche. Où, en effet, s'arrête l'arbitraire si on le laisse au jugement des individus? Qu'est-ce, par exemple, que l'utilisation d'une «force raisonnable» dans le cas d'une intervention policière? En conclusion, c'est-à-dire en synthèse, Dufresne conserve son idée de départ (oui à la marge de manœuvre), mais il y ajoute, en tenant compte de l'antithèse, qu'il faut mieux former les personnes à qui on délègue l'autorité afin d'éviter les dérapages.

Parce qu'il montre l'esprit d'ouverture et de nuance dont fait preuve le débatteur, ce modèle s'avère souvent très convaincant. Toutefois, compte tenu du raffinement réflexif qu'il exige, il s'applique surtout à l'écrit. Dans un débat oral, la vigueur et la rapidité des échanges permettent rarement ces subtilités.

La réfutation

Ce modèle, qu'on peut qualifier de réactif, sert essentiellement à répliquer à une opinion lue ou entendue et qu'on ne partage pas. C'est le modèle par excellence de la polémique. Celui qui l'utilise procède de la façon suivante.

En introduction, il met le débat en contexte (une étape obligée dans tous les modèles) et présente l'opinion dite adverse, c'est-à-dire celle qu'il a lue ou entendue et qu'il ne partage pas. Cette présentation, pour valoir, doit être le plus complète et le plus honnête possible.

Ensuite, dans le développement, il réfute (c'est-à-dire critique, conteste ou démolit) un à un les arguments utilisés en soutien de cette opinion. Aux arguments de l'adversaire, il oppose les siens, qu'il croit plus pertinents et plus forts.

Enfin, dans la dernière étape, il conclut en formulant précisément son opinion personnelle, opposée (plus ou moins radicalement) à l'opinion adverse présentée en introduction.

Un texte de Pierre Foglia (*La Presse*, 9 mars 2000) peut nous servir à illustrer ce modèle. Un lecteur, rapporte-t-il, lui a écrit pour le remercier de parler souvent du sport, une activité si essentielle à la santé. Devant cette idée reçue, Foglia se cabre. Les deux preuves que le sport n'apporte pas la santé, explique-t-il dans sa réfutation, sont que la plupart des athlètes d'élite sont déconnectés de la réalité et ont des ego hypertrophiés (sport n'égale pas santé mentale) et que leurs rythmes d'entraînement sont démentiels et souvent causes de blessures (sport n'égale pas santé physique). Aussi, conclut-il, la grandeur du sport ne se trouve pas dans son potentiel thérapeutique, mais dans sa valeur expressive. Le sportif, ajoute-t-il dans une analogie, est comme le musicien. De la même manière qu'on ne joue pas du violon parce que c'est bon pour la santé mais parce qu'on a quelque chose à exprimer, on ne court pas pour éviter l'hôpital mais pour chanter le corps en mouvement.

*

Ces trois modèles argumentatifs sont des idéal-types (des concepts utilisés pour la compréhension) qu'on ne retrouve pas toujours appliqués tels quels dans les textes d'opinion. Plus on s'en éloigne, toutefois, plus on s'expose à nuire à la clarté de notre argumentation. Pour être convaincant, un texte (ou un discours) d'opinion doit être ordonné et éviter les développements à la va comme je te pousse. Aussi, avant de se lancer dans une argumentation, il faut, quand cela est possible, avoir préalablement choisi le modèle qui l'encadrera. Les trois ont le mérite d'être simples et de se résumer en trois étapes chacun:

a) Le modèle démonstratif
   1. L'opinion défendue
   2. Les arguments invoqués
   3. L'opinion réaffirmée

b) Le modèle délibératif
   1. Une opinion de départ (thèse avec arguments)
   2. L'opinion contraire (antithèse avec arguments)
   3. La synthèse

c) Le modèle réfutatif
   1. L'opinion adverse
   2. La réfutation argumentée de cette opinion
   3. L'opinion personnelle qu'on lui oppose

L'ordre des arguments

En ce qui concerne l'ordre de présentation des arguments à l'intérieur d'un de ces modèles, les experts en rhétorique ne s'entendent pas. Faut-il commencer par les plus faibles et terminer par les plus forts (selon notre évaluation) ? Cet ordre dit croissant a le mérite de laisser le lecteur sur une bonne impression, à condition qu'il se soit rendu à la fin de l'argumentation. Il y a là un danger de décrochage.

L'ordre inverse, du plus fort au plus faible, dit décroissant, comporte le danger inverse. Si l'interlocuteur retient surtout ce qu'il a lu ou entendu à la fin (les arguments les plus faibles), il risque d'être peu sensible à l'argumentation. Dans le cas où cette dernière est très étoffée (un livre de 200 pages, par exemple), cependant, l'ordre décroissant est parfois un bon choix. Si le récepteur dispose de peu de temps, il aura au moins lu ou entendu l'essentiel.

Compte tenu des réserves entretenues à l'égard de ces deux options, il appert que, en général, l'ordre alterné des arguments (un fort, un faible, un fort et ainsi de suite) est à privilégier. Il permet de commencer et de terminer l'argumentation en force et de maintenir l'intérêt du public tout au long de la présentation.

Les tonalités de l'argumentation

Cette section, comme la précédente, ne concerne pas le contenu de l'argumentation, mais le ton choisi pour le présenter. Quand il s'applique au discours oral, le concept de «ton», selon *Le Petit Robert*, renvoie à la «qualité de la voix humaine, en hauteur, en timbre et en intensité, caractéristique de l'expression des états psychologiques et du contenu du discours». Par ailleurs, le ton renvoie aussi à la «manière de s'exprimer, dans un écrit». Plus englobant, le concept de tonalité désigne la «valeur moyenne, [l']impression générale produite par un ensemble de tons, de nuances». Il s'agit, pourrait-on dire, de l'atmosphère qui se dégage d'un texte.

En cette matière, il n'y a pas vraiment de recettes à suivre puisque les possibilités sont quasi infinies. En rhétorique, pour éviter les errances dues à l'indécision, on peut néanmoins retenir deux catégories dont la seconde se subdivise en plusieurs variétés.

La tonalité neutre

Comme son nom l'indique, cette tonalité a pour principale caractéristique de chercher à se faire oublier au profit du contenu de l'argumentation. Celui qui l'utilise privilégie un ton calme et sans emportement. Il présente son point de vue comme une analyse froide, qui évite l'émotivité. Même s'il s'oppose à une thèse (ce qui, en rhétorique, est toujours le cas, sinon il n'y aurait pas lieu de débattre et d'essayer de convaincre), il ne diminue ni ne ridiculise son adversaire. Il prône plutôt une discussion dite « civilisée » (façon de parler puisqu'on peut très bien utiliser une tonalité qui n'est pas neutre tout en restant civilisé) qui laisse toute la place aux arguments.

Si le but, en débattant, est de convaincre son interlocuteur, cette tonalité neutre s'avère souvent la plus appropriée. La plupart des gens détestent être pris de front et se braquent si on les bouscule. La tonalité neutre, en ce sens, peut les rassurer et les mettre dans une bonne disposition.

On la reconnaît souvent au respect dont elle fait preuve pour l'opinion adverse, même si elle s'y oppose plus ou moins radicalement. Son défaut, on l'aura probablement deviné, est de manquer de couleur.

La tonalité marquée
À l'inverse de la précédente, cette tonalité ne ménage pas les susceptibilités. Pour cette raison, elle convient surtout lorsqu'on cherche à convaincre le public qui assiste au débat plutôt que son interlocuteur lui-même, dont on n'hésite pas à malmener l'opinion.

Polémique, elle ne se prive pas d'utiliser des mots dépréciatifs pour qualifier une thèse adverse qu'elle cherche à démolir. Elle use d'un ton qui suggère que l'affaire est grave et exige que l'on choisisse son camp sans nuances. *Ironique*, elle caricature la thèse adverse pour mieux la ridiculiser.

Émotive, elle laisse place aux affects du débatteur, qui indique par là que le débat le touche au cœur et ne peut être qu'intense.

Vibrante et saisissante, la tonalité marquée a pour principale qualité d'interdire l'indifférence à ceux qui la reçoivent. Elle les prend à bras-le-corps et les force à se brancher. Son défaut, si c'en est un, est de heurter l'interlocuteur direct et de l'amener, ainsi, à se braquer. Elle n'en a toutefois cure puisque ce n'est pas lui qu'elle veut convaincre, mais bien ceux qui assistent à l'affrontement.

La diversité de tons qu'on retrouve, par exemple, dans la famille souverainiste québécoise montre bien, d'une part, que la tonalité d'un discours est relativement indépendante de son contenu (on peut être souverainiste sur plusieurs tons) et, d'autre part, que le choix d'une tonalité doit s'opérer selon le contexte et l'intention poursuivie.

Souverainiste engagé en politique active (il a aussi été premier ministre du Québec), Jacques Parizeau a consacré sa carrière à tenter de convaincre les Québécois hésitants de faire le saut indépendantiste. Parce qu'il savait que ce n'était pas en les bousculant qu'il les rassurerait et les ferait changer d'avis, il a presque toujours privilégié la tonalité neutre, se permettant quelquefois des pointes d'ironie à l'endroit de ses adversaires fédéralistes.

Lui aussi souverainiste mais à titre d'électron libre, le cinéaste Pierre Falardeau, au contraire, a choisi de faire mousser son option avec une tonalité très marquée. Ses interventions, en fait, visent moins à convaincre les fédéralistes de changer d'avis (en les insultant, il suscite même leur résistance) qu'à conforter ses alliés dans leur choix et à rallier les indécis, surtout les jeunes, sensibles à son discours coloré.

On ne peut pas dire que l'un a choisi une bonne tonalité, alors que l'autre a opté pour la mauvaise. La valeur d'une tonalité ne s'évalue qu'en contexte. Dans un cégep ou dans un ralliement souverainiste, l'agressivité lyrique d'un Falardeau est à sa place. Dans un centre pour personnes âgées (souvent fédéralistes) ou dans une allocution télévisuelle s'adressant à toute la nation, la tonalité neutre d'un Parizeau est certes plus appropriée, pour les raisons déjà évoquées. Inutile d'ajouter que lors d'une discussion avec son conjoint, cette même tonalité s'impose, si on ne souhaite pas se retrouver célibataire.

*

L'art de convaincre n'est pas sorcier et se résume au maniement habile de cinq éléments. Les deux premiers – la question en débat et l'opinion soutenue – vont souvent de soi et ne nécessitent donc pas de compétences particulières. Il arrive, cela dit, qu'il faille reformuler la question débattue pour la préciser et éviter la confusion. Quant à l'opinion défendue, c'est-à-dire la réponse à cette question, elle doit être précise si on souhaite la défendre avec efficacité. Une opinion floue (ce qui n'est pas la même chose qu'une opinion nuancée) ne peut engendrer qu'une argumentation vaseuse.

Une fois ces deux étapes préalables remplies, l'heure vient d'ouvrir notre coffre à outils et de choisir, parmi les arguments, les modèles et les tonalités disponibles, ceux qui permettront de défendre son opinion assez habilement pour convaincre.

Pour illustrer de façon très concrète le bon usage qu'on peut faire de ces outils, les pages qui suivent présenteront et analyseront trois textes, construits selon les trois modèles argumentatifs suggérés au début de ce chapitre.

CHAPITRE V

Analyse de trois textes d'opinion

Le texte d'opinion démonstratif

Votons !

Après des mois de débats entre politiciens, d'analyses et de spéculations des commentateurs politiques, la parole est à vous : les citoyens.

« Un citoyen est quelqu'un qui a le droit de vote, et un bon citoyen, quelqu'un qui s'en sert », peut-on lire dans le *Dictionnaire du vote* (PUF, 2001). La formule paraîtra sans doute simpliste aux politologues ; la citoyenneté ne se limite évidemment pas au seul vote.

Tout de même, ne pas voter, n'est-ce pas abdiquer son statut de citoyen ? Parmi ceux qui s'abstiennent ou annulent, un certain nombre le font pour protester, pour dénoncer le « système ». Mais leur « protestation » n'a aucun effet. Aux États-Unis, où la participation est faible, l'influence des abstentionnistes est nulle. On ne s'en sort pas : ce sont ceux qui prennent la peine de voter qui décident.

Bien des gens ne ressentent d'enthousiasme pour aucun des partis en lice, et pour cette raison restent chez eux le jour du vote. C'est qu'ils ont des attentes démesurées. On ne vote pas pour élire le gouvernement idéal ; on vote pour choisir le meilleur gouvernement possible. Chaque parti, chaque candidat a des forces et des faiblesses. On choisit celui qui, après analyse, nous semble le plus compétent et dont le programme nous sied le mieux.

Nous le disions il y a quelque temps, voter est non seulement un droit, mais aussi un privilège. Par conséquent, c'est un devoir. Ce droit est si précieux qu'on n'a pas le droit de l'exercer à la légère. Il faut réfléchir, et voter avec sérieux et conviction.

Les excuses du genre « Je ne savais pas où voter... », qu'on entend souvent, ne tiennent pas. Les électeurs inscrits ont reçu l'information nécessaire à domicile. Si vous avez besoin d'en savoir plus, vous pouvez visiter le site Web du Directeur général des élections <http://www.dgeq.qc.ca>, ou appeler au 1-888-ELECTION.

Les bureaux de vote seront ouverts aujourd'hui de 9 h 30 à 20 h 30. Il est malheureusement trop tard pour s'inscrire sur la liste électorale. Contrairement à ce qu'on a vu lors des dernières élections fédérales, il n'est pas possible de s'inscrire sur place aujourd'hui. Avant de voter, vous devez présenter une pièce d'identité – votre carte d'assurance-maladie, votre permis de conduire ou votre passeport canadien.

Ainsi, quelle que soit votre allégeance ou votre préférence, nous vous encourageons à aller voter. Le pouvoir est à vous.

ANDRÉ PRATTE
La Presse, 14 avril 2003

La **question soulevée par le texte**, ici, est évidente dès le titre. Publié le jour même d'une élection générale québécoise, cet éditorial prend position sur la question suivante : *faut-il aller voter ?* Compte tenu du contexte dans lequel le texte paraît, Pratte n'a pas besoin d'une longue introduction. On sait pourquoi il se prononce sur cette question ce jour-là.

L'**opinion** de l'éditorialiste est, elle aussi, très claire dès le titre et dès les premières lignes du texte. «Votons!», lance-t-il, avant d'insister : «La parole est à vous : les citoyens.» Puisqu'il sait, toutefois, que certaines personnes, pour toutes sortes de raisons, ne comptent pas aller voter, Pratte a donc préparé des **arguments** pour convaincre ses lecteurs.

Précisons, ici, que l'analyse d'un argument comporte toujours trois éléments : identification du type, résumé de l'argument et explication, c'est-à-dire en quoi cet argument appuie-t-il l'opinion.

Pratte cite d'abord le *Dictionnaire du vote* (PUF, 2001), un ouvrage de référence sur la question. Ce dernier affirme qu'«un citoyen est quelqu'un qui a le droit de vote, et un bon citoyen, quelqu'un qui s'en sert». Pratte suggère ainsi que des experts qui se sont penchés sur la question appuient son opinion selon laquelle voter est important, même si ce geste ne résume pas la citoyenneté. Sans être suffisant, cet argument d'**autorité** est valable.

Par un argument de type **cause-conséquence**, Pratte renverse le principal argument de ses adversaires sur cette question. Ceux-ci, en utilisant un argument du même type, affirment que ne pas voter (cause) est une manière de contester le «système» (conséquence). L'éditorialiste, en faisant référence à un **fait** (la participation électorale aux États-Unis est faible), montre qu'il y a bien une logique cause-conséquence qui s'applique au geste de voter, mais que ce n'est pas celle qu'avancent les abstentionnistes. Aux États-Unis, écrit-il, leur influence «est nulle». Aussi, «ce sont ceux qui prennent la peine de voter» (cause) «qui décident» (conséquence). Cet argument est peut-être le plus fort du texte.

C'est parce que les abstentionnistes rêvent d'un «gouvernement idéal» (valeur adverse) qu'ils refusent de voter si cette éventualité n'est pas à l'horizon. À cette valeur idéaliste qui entraîne «des attentes démesurées», Pratte oppose une **valeur plus** pragmatique, plus lucide, c'est-à-dire celle du «meilleur gouvernement possible». Dans ces conditions (il faut bien en choisir un), le vote devient nécessaire.

Voter, explique Pratte dans un autre **appel aux valeurs**, est plus qu'un droit (qu'on peut choisir d'exercer ou non), c'est un privilège. Et comme ce privilège est quelque chose qui est universellement valorisé mais dont sont malheureusement privés quantité de nos contemporains, le fait d'en bénéficier entraîne le «devoir» de l'exercer «avec sérieux et conviction». Ne pas le faire, peut-on déduire du texte si on lit entre les lignes, serait une insulte pour ceux qui en rêvent sans pouvoir y accéder.

Comme dernier argument, Pratte utilise un fait pour contrer l'objection possible selon laquelle certains seraient justifiés de ne pas voter par manque d'information sur la procédure. « Les électeurs inscrits, insiste-t-il, ont reçu l'information nécessaire à domicile. » S'ils désirent en savoir plus, ils peuvent même visiter un site web mis à leur disposition par le Directeur général des élections. Ces deux faits (l'information à domicile et le site web) montrent que l'ignorance n'est pas un argument abstentionniste recevable. Tous ont en leur possession l'information nécessaire quant à la procédure du vote.

Ce texte utilise le **modèle démonstratif**. Il présente d'abord une opinion de départ (titre et premier paragraphe) selon laquelle il faut aller voter. Ensuite, dans son développement, il avance cinq arguments, sans concession, qui appuient cette opinion. Les arguments de la thèse adverse sont bien évoqués, mais c'est pour être aussitôt rejetés. En conclusion, dans le dernier paragraphe, l'éditorialiste réitère son opinion de départ, sans modification. « Ainsi, écrit-il, quelle que soit votre allégeance ou votre préférence, nous vous encourageons à aller voter. Le pouvoir est à vous. »

Une simple lecture de cet éditorial suffit pour constater que Pratte a privilégié la **tonalité neutre**. Ses adversaires, les abstentionnistes, sont évoqués dans le texte, mais ils ne sont jamais attaqués avec virulence ou ironie. Très clairement, Pratte rejette leur argumentation, mais il le fait avec calme et respect, en se contentant de leur opposer des arguments qu'il considère meilleurs. Ce choix se comprend et est approprié. Pratte ne veut pas seulement avoir raison aux yeux de la galerie. Dans une perspective non partisane quant à l'issue de l'élection, il veut convaincre tout le monde, surtout ceux qui hésitent à le faire, d'aller voter. Ce n'est pas en les brusquant, il le sait bien, qu'il les mettra dans de bonnes dispositions pour recevoir sa thèse.

Bref, simple et efficace, ce texte d'opinion n'a pas la prétention de faire le tour de la question. Pour l'étoffer, Pratte aurait pu lui ajouter des statistiques sur les taux de participation (appel aux résultats d'études) ou le classique appel aux valeurs selon lequel seule la participation active au processus électoral donne ensuite le droit de critiquer les élus. Pour ne pas alourdir son argumentation, il a choisi d'aller à l'essentiel. Il s'agit souvent d'une stratégie judicieuse puisqu'on ne saurait convaincre en ennuyant. Comme le dit la formule, trop, en cette matière comme en d'autres, c'est comme pas assez.

Le texte d'opinion délibératif

LA CONTENTION

En début de semaine, je lisais un texte sur lequel, probablement, je ne me serais jamais arrêté il n'y a pas si longtemps encore. C'était un article sur la contention dans les centres de soins de longue durée. Une technique si bien implantée, disait ce papier signé Monique Giguère, que 33 % des résidants en hébergement se retrouvent attachés à leur lit ou à leur fauteuil gériatrique. C'est énorme !

Évidemment, certains s'opposent à cette technique plutôt rébarbative. Nombreux même sont ceux qui refusent carrément cette façon de réduire à l'immobilité des personnes internées. D'autres, plus prudents, évitent de condamner et y vont avec des pincettes. La contention a rejoint ces jours-ci l'actualité à la suite de la mort d'une dame au Centre Montserrat de Québec. Il y a enquête.

*

La première fois où, en allant visiter Mamina au centre d'accueil, je l'ai retrouvée assise dans un fauteuil immobilisée par une tablette, j'ai grimpé au rideau. C'était de rage. J'ai piqué une colère et, sans demander mon reste, j'ai retiré « ses chaînes ».

Qui, mais qui donc avait osé, sans consulter la famille, emprisonner comme une malfaisante ma petite Mamina que ce foutu Alzheimer privait déjà de tant de liberté. Et de quel droit surtout ? Il ne lui restait que cela : aller et venir à sa guise sur cet étage aux portes barricadées d'où elle ne pouvait s'évader. Elle était déjà prisonnière de son mal, des odeurs de morts qui flottaient, de l'air vicié par l'incontinence chronique des résidants, du centre lui-même et voici qu'on « l'enchaînait ». En fait, j'avais l'impression qu'on « l'enchaînait » et qu'en la confinant à un siège, on lui retirait le peu de lien qui la reliait à un semblant de vie. C'était un supplice de plus qu'on lui infligeait; une horreur supplémentaire. J'en avais des hauts-le-cœur.

Ce que je ne savais pas ou plutôt ne voulais pas savoir, c'est qu'à quelques reprises, déjà, dans son errance, Mamina, dont l'équilibre était déjà plus que précaire et affecté par la maladie, avait perdu pied. Elle était tombée. Une fois, dans sa chute, elle s'était cogné la tête. Une autre fois, c'est le genou qui s'était mis à enfler. Évidemment, me disais-je, le personnel aidant pouvait être vigilant, la surveiller, l'accompagner dans ses déplacements. Quelle naïveté !

*

Bien sûr, il existe de rares centres où on expérimente certains programmes de moindre recours aux contentions. Les résultats, dit-on, sont encourageants. Cela dit, l'approche n'est pas encore répandue et exige énergie et effectifs.

Quelle naïveté, dis-je donc, parce qu'une fois le choc de voir ma maman immobilisée, j'ai bien dû me rendre à l'évidence. Il y a trop de malades, trop de vieillards, trop de victimes de cette horrible démence et pas assez d'aidants qui, en dépit de leur générosité, de leur dévotion, n'arrivent pas. Et ce n'est pas de la mauvaise volonté de leur part. Ils n'arrivent pas à cause de toutes sortes d'imprévus, de compressions de personnel, d'augmentation des cas, à faire tout ce qu'ils voudraient faire, tout ce qui devrait être fait pour venir au secours de ces morts-vivants. Ils doivent les nourrir, les laver, les soigner, les bichonner et surtout les protéger contre eux-mêmes. Ils n'y arrivent pas, dis-je. Ces petits vieux en détresse sont trop nombreux, chaque jour plus nombreux.

La contention, dans bien des cas, et je le dis le cœur meurtri, est une horreur. Ce n'est certes pas l'idéal, mais c'est un moindre mal pour les aider, pour éviter qu'ils ne tombent, pour protéger leurs os que la maladie et l'âge ont lézardés jusqu'à les rendre si friables et, surtout, pour réduire l'angoisse de leur terrible errance.

Avez-vous déjà surpris le regard d'un de ces pauvres déments perdu dans le néant de sa mémoire ? C'est peut-être sous les paupières de l'Homme qu'on découvre ce qu'il lui reste d'humain... mais qu'est-ce qu'on fait quand sous ces paupières, il n'y a plus rien ?

Franco Nuovo
Le Journal de Montréal, 20 décembre 2002

La **question soulevée par le texte** est évoquée dans le titre, «La contention», et bien amenée dans les deux premiers paragraphes. Nuovo indique qu'il traite de ce sujet parce qu'il a récemment lu un article qui l'abordait et qui mentionnait que cette technique est très répandue. «33 % des résidants en hébergement, a-t-il appris, se retrouvent attachés à leur lit ou à leur fauteuil gériatrique. C'est énorme !» Cette statistique, ici, n'a pas tant une valeur argumentative (sauf pour justifier ce choix de sujet de la part du chroniqueur) qu'informative. On ne parlera donc pas d'appel aux résultats d'études dans la présentation des arguments. Ensuite, toujours pour amener le sujet, Nuovo mentionne que la contention fait débat (certains s'y opposent, alors que d'autres sont plus prudents dans leur jugement) et que la mort récente d'une dame de Québec, liée à la problématique de la contention, a remis le sujet dans l'actualité. On comprendra, plus tard dans le texte, que le chroniqueur se sent personnellement concerné par la contention puisque sa mère, atteinte d'Alzheimer, la subit.

L'**opinion** de Nuovo, comme c'est toujours le cas dans un texte de type délibératif, évolue tout au long du texte. Au début de son développement, il avoue avoir d'abord été clairement contre la contention. En découvrant sa mère attachée, il a, précise-t-il, «grimpé au rideau», «piqué une colère» et «retiré ses chaînes"». Par la suite, après avoir reçu des informations de la part de l'équipe soignante et avoir entendu ses arguments, Nuovo met sa première réaction sur le compte de l'ignorance. «Ce que je ne savais pas ou plutôt ne voulais pas savoir […]», mentionne-t-il, avant d'expliquer les raisons qui l'ont amené à nuancer sa position. Son opinion finale, sa synthèse, reprend donc des éléments de deux étapes réflexives précédentes. «La contention, conclut-il pour résumer son opinion, dans bien des cas, et je le dis le cœur meurtri, est une horreur. Ce n'est certes pas l'idéal, mais c'est un moindre mal […].»

Le premier argument présenté par Nuovo appuie l'opposition à la contention. La découverte de sa mère démente placée sous contention lui inspire un **appel aux valeurs**. Dans un contexte où presque tout ce qui fait notre humanité a disparu, il considère impératif de ne pas s'attaquer à la dernière des libertés, c'est-à-dire la liberté de mouvement. « Il ne lui restait, écrit-il en parlant de sa mère, que cela : aller et venir à sa guise, sur cet étage aux portes barricadées d'où elle ne pouvait s'évader. Elle était déjà prisonnière de son mal, des odeurs de morts qui flottaient, de l'air vicié par l'incontinence chronique des résidants, du centre lui-même et voici qu'on "l'enchaînait". »

De plus, le fait qu'il s'agisse de sa mère donne à cet argument un caractère émotif qui justifie que l'on parle d'**appel aux sentiments**. Le lecteur peut facilement s'identifier au chroniqueur et imaginer sa propre mère dans les conditions de la « Mamina » de Nuovo. On ne parle pas, ici, suggère ce dernier, uniquement de principes, mais d'un cas concret, et par ailleurs universalisable, qui risque tous de nous affecter. Sans nous convaincre sur le fond de la question, cet appel touche les lecteurs et les rend plus réceptifs.

Le deuxième argument prend le contre-pied du premier et introduit l'antithèse. Nuovo mentionne avoir appris que sa mère, avant d'être attachée, est tombée au moins deux fois, se blessant alors à la tête et au genou. C'est un **fait**. Pour sa sécurité personnelle, la contention s'imposait.

Le troisième argument constitue le cœur de l'opinion principale défendue par le chroniqueur.

Si, commence-t-il par suggérer, le personnel aidant remplissait bien son rôle et surveillait adéquatement les malades (cause), la contention serait inutile (conséquence). Or, et tout se joue ici, le problème n'en est pas un de compétence, mais de pénurie. « J'ai bien dû me rendre à l'évidence », écrit Nuovo, avant de formuler la seule logique **cause-conséquence** qui s'applique à l'heure actuelle : « Il y a trop de malades, trop de vieillards, trop de victimes de cette horrible démence et pas assez d'aidants qui, en dépit de leur générosité, de leur dévotion, n'arrivent pas. » Donc, compte tenu de ce déséquilibre malades/aidants (cause), la contention devient nécessaire pour assurer la sécurité des malades (conséquence).

Comme dernier argument, Nuovo présente l'**appel aux valeurs** suivant : mieux vaut accepter « un moindre mal » imparfait mais qui a ses avantages (la contention) que de défendre un idéal certes souhaitable (abolition de la contention et surveillance compatissante des malades laissés libres de leurs mouvements), mais actuellement inapplicable sans conséquences néfastes. « La contention, dans bien des cas, et je le dis le cœur meurtri, est une horreur, rappelle Nuovo. Ce n'est certes pas l'idéal, mais c'est un moindre mal pour éviter qu'ils ne tombent, pour protéger leurs os que la maladie et l'âge ont lézardés jusqu'à les rendre si friables, et, surtout, pour réduire l'angoisse de leur terrible errance. »

Ce texte, on l'a vu, utilise un **modèle délibératif**. Nuovo, dans la thèse, s'oppose radicalement à la contention qu'il considère inhumaine. Ensuite, après avoir discuté avec le personnel soignant, il reconnaît, en antithèse, que la contention améliore la sécurité des malades et qu'elle est rendue nécessaire à cause de la pénurie de personnel. En synthèse, il redit que la contention « est une horreur » et qu'il serait souhaitable qu'on n'y ait pas recours (reprise de l'esprit de la thèse), mais il se voit forcé de conclure que, dans les circonstances actuelles (reprise de l'esprit de l'antithèse), elle constitue un moindre mal. La délibération l'amène donc à un compromis dans lequel il modifie sa position de départ sans la renier totalement.

Le chroniqueur utilise essentiellement la **tonalité marquée**, mais avec des variations. Dans la première partie du développement (la thèse : contre la contention), la tonalité est à la fois agressive et émotive. Il évoque sa « rage », sa « colère » et ses « hauts-le-cœur ». Il dénonce les « chaînes » imposés à sa mère et parle de « supplice » et d'« horreur ». Du même souffle, sa tonalité se fait tendre et émotive envers sa mère, comme celle d'un fils aimant. Il en parle avec douceur – « ma petite Mamina » – et compassion – « prisonnière de son mal ».

Dans la deuxième partie du développement (l'antithèse : pour la contention), la tonalité devient plus neutre, mais elle n'est pas exempte d'émotion pour autant. Or, cette émotion, ici, s'exprime par le respect que Nuovo réserve au travail des soignants. Il évoque « leur générosité », «leur dévotion» et leur bonne volonté envers «ces petits vieux en détresse».

Dans la dernière partie du texte (la synthèse: pour le moindre mal qu'est la contention), la tonalité reste émotive en prenant des accents tragiques et lyriques. Nuovo s'y fait poète en évoquant la fragilité physique et mentale des malades (les os friables, «l'angoisse de leur terrible errance») et conclut sur une note tragique en soulevant la grave question de ce qui fait l'humanité de l'Homme «quand sous ses paupières, il n'y a plus rien». Ce champ lexical intensément émotif et solennel ne peut que saisir le lecteur et lui faire comprendre que cette chronique dépasse l'anecdotique.

En exposant l'évolution de sa pensée (il est contre, il écoute les pour, il finit par être pour, mais par la force des choses), Nuovo s'avère très convaincant. C'est la force du modèle délibératif: il permet d'intégrer les objections acceptables à une opinion de départ qui en ressort renforcée (et, dans ce cas-ci, littéralement transformée). Le fait de tenter une conciliation entre deux opinions opposées et de faire de cette démarche le cœur d'une réflexion donne à l'opinion finale un caractère plus complet et plus nuancé. On ne peut pas accuser un auteur qui procède de cette façon d'être dogmatique puisqu'il tient compte (au moins dans une certaine mesure) des deux côtés de la médaille.

Le débat sur la contention, cela dit, continue, et la tendance actuelle semble contredire la conclusion de Nuovo. La contention, en effet, causerait plus d'accidents chez les personnes âgées qu'elle n'en préviendrait. Preuve, s'il en est, que même un texte d'opinion solidement argumenté ne constitue jamais une démonstration définitive. Dans presque tous les domaines qui touchent aux affaires humaines, nous sommes condamnés à poursuivre incessamment la réflexion et la discussion.

Le texte d'opinion réfutatif

Faut-il en finir avec le Bloc ?

Le Bloc québécois, semble-t-il, n'est pas dans ses meilleurs jours. *Le Journal de Montréal* parle même, à son sujet, d'une « crise existentielle sans précédent ». Talonné par les conservateurs dans les sondages, le Bloc souffrirait aussi de la décision du Parti québécois de ne plus promettre de référendum à court terme. Dans ces conditions, certains se demandent même s'il a encore sa place à Ottawa.

Les arguments de ceux qui souhaitent en finir avec le Bloc sont connus. Condamné à l'opposition permanente, disent-ils, ce parti prive le Québec d'une participation au vrai pouvoir. De plus, ajoutent même des souverainistes, il ne fait pas augmenter l'appui à la souveraineté. Des fédéralistes, enfin, dénoncent le fait que ses députés, qui veulent briser le Canada, soient payés avec l'argent d'Ottawa.

Ces arguments, à mon avis, ne sont pas valables. Il est vrai que le Bloc, d'une certaine manière, constitue une anomalie. Un parti qui n'aspire pas à exercer le pouvoir et qui, donc, ne pourra jamais appliquer son programme est une bizarrerie dans notre paysage politique. Malgré cela, le Bloc conserve toute sa pertinence parce qu'il est un symptôme de ce qui ne marche pas dans le Canada actuel. Ce que l'existence du Bloc révèle, c'est que, aux yeux d'une majorité simple de Québécois, le fédéralisme canadien tel qu'il fonctionne est inacceptable.

L'argument selon lequel le Québec gagnerait à participer au vrai pouvoir, en votant pour des candidats conservateurs ou libéraux qui ont une chance de faire partie du gouvernement, a été maintes fois contredit dans notre histoire. En 1982, lors du rapatriement de la Constitution orchestré par Trudeau et auquel s'opposaient unanimement les députés de l'Assemblée nationale, 74 des 75 députés fédéraux du Québec étaient au pouvoir. Seul Roch Lasalle, député conservateur de Joliette, siégeait dans l'opposition. Cette situation, que d'aucuns nous présentent aujourd'hui comme un bénéfice pour le Québec, n'a pas empêché Trudeau de procéder sans notre consentement.

La semaine dernière, quand Jean-Pierre Blackburn, ministre du Travail et député conservateur de Jonquière-Alma, a parlé d'une éventuelle réouverture de la Constitution pour y reconnaître la nation québécoise, il a dû reculer très vite. Comme l'a alors déclaré Gilles Duceppe, « pour être ministre dans le gouvernement canadien, il ne faut pas déplaire au Canada anglais ». À quoi bon, alors, participer directement au pouvoir si c'est pour l'exercer contre nous? L'existence du Bloc permet aux nationalistes québécois, souverainistes ou non, de voter pour des candidats qui ne trahiront pas leur engagement à l'égard du Québec.

Qu'il y ait ou non un référendum à l'horizon ne change rien à la pertinence du Bloc. Les autres partis fédéraux, jusqu'à preuve du contraire, restent totalement sourds à l'insatisfaction du Québec. Les conservateurs parlent peut-être d'ouverture, mais cela tient plus du slogan électoral que d'une volonté réelle de faire évoluer la situation dans le sens des demandes québécoises. Leur accorder notre vote signifierait que nous nous satisfaisons d'un discours creux qui nous entretient dans notre statut de minorité comme les autres. Grâce au Bloc, nous pouvons leur faire comprendre que, en tant que nation, le Québec veut plus.

Quant à l'argument mesquin voulant que les députés bloquistes profitent de façon illégitime de l'argent d'Ottawa, il est carrément antidémocratique. Ces députés, comme les autres, sont légitimement élus, et l'argent qui sert à les payer n'est pas celui d'Ottawa, mais bien le nôtre, celui de nos impôts honnêtement payés.

Reconnus, pour la plupart, pour leur professionnalisme et leurs compétences – c'est le cas de Pierre Paquette, député de Joliette –, les élus bloquistes, en remplissant leurs fonctions avec un solide sens du devoir, ont fait la preuve qu'ils n'étaient pas là pour nuire au Canada anglais, mais pour lui rappeler, avec constance, que son attitude envers la nation québécoise est inadmissible.

Tant et aussi longtemps que cette situation perdurera – et il n'y a que la souveraineté ou un improbable et radical changement d'attitude du fédéral pour y mettre un terme –, le Québec aura besoin du Bloc.

Louis Cornellier
L'Action mercredi
9 avril 2008

La **question soulevée par le texte** ne fait pas de doute, ici, puisqu'elle est formulée dans le titre : « Faut-il en finir avec le Bloc ? » Les deux premiers paragraphes du texte servent à amener le sujet. Le premier fait référence à un questionnement sur la pertinence du Bloc québécois, suscité par la conjoncture politique. Il répond donc à la question : pourquoi parle-t-on de ce sujet ? Le deuxième, quant à lui, précise la nature du débat en cause en présentant la thèse adverse selon laquelle le Bloc ne serait plus pertinent.

L'**opinion** du chroniqueur, dans ce texte, ne sera précisément formulée qu'en conclusion, comme le veut le modèle réfutatif. Toutefois, la première phrase du troisième paragraphe indique déjà la direction qu'elle prendra. En écrivant que « ces arguments, à mon avis, ne sont pas valables », je fais savoir au lecteur que je m'oppose à la thèse selon laquelle le Bloc n'a plus sa place à Ottawa. Par conséquent, j'indique que je défendrai la pertinence du Bloc dans la capitale fédérale.

Mon premier argument contient une concession à la thèse adverse. Je reconnais, en effet, que l'existence du Bloc québécois, un parti fédéral souverainiste qui n'aspire pas à prendre le pouvoir, « constitue une anomalie ». Or, au lieu d'en tirer la conclusion que cela devrait justifier sa disparition, je renverse la perspective en appliquant une logique **cause-conséquence**. J'avance que c'est parce que le Canada actuel constitue lui-même une anomalie « aux yeux d'une majorité simple de Québécois », en refusant de leur faire une juste place (cause), que le Bloc québécois, qui se contente essentiellement de défendre les intérêts du Québec dans le Canada en attendant la souveraineté, doit exister (conséquence). On comprend donc que si les Québécois se sentaient à l'aise dans le Canada (cause), le Bloc serait inutile (conséquence), mais que puisque ce n'est pas le cas, le Bloc est nécessaire.

Mon deuxième argument se sert d'un **fait** pour réfuter une valeur adverse : la participation au vrai pouvoir, c'est-à-dire au gouvernement. Je rappelle que, en 1982, lors du rapatriement de la Constitution auquel l'Assemblée nationale du Québec s'est unanimement opposée, le fait d'avoir une vaste majorité de députés québécois au gouvernement fédéral (74 sur 75) n'a pas donné plus de pouvoir à la nation québécoise. Je sous-entends ainsi que la présence du Bloc à Ottawa ne peut nous faire perdre un pouvoir que, de toute façon, nous n'avons pas.

Une deuxième référence au **fait** me sert à montrer qu'une participation directe des députés québécois au pouvoir fédéral ne permet pas à la nation québécoise d'obtenir des gains en matière constitutionnelle. On a fait taire le ministre du Travail et député conservateur de Jonquière-Alma, Jean-Pierre Blackburn, qui avait évoqué une possible réouverture de la Constitution. Ce fait montre donc que, pour les nationalistes québécois, avoir des députés qui accèdent au gouvernement ne donne aucun résultat.

À l'argument qui précède, et dans le même paragraphe, j'ajoute un argument d'**appel aux valeurs**. À la valeur du «pouvoir à tout prix» prônée par les adversaires du Bloc, j'oppose la valeur de la «fidélité au Québec», en précisant que seuls les députés bloquistes peuvent vraiment l'incarner.

L'argument suivant, d'une certaine manière, est une reprise du premier. J'explique que, d'un point de vue nationaliste (et même pas nécessairement souverainiste), accorder notre vote à des politiciens qui ne s'engagent à rien de concret quant à une reconnaissance constitutionnelle de la nation québécoise (**cause**) reviendrait à leur envoyer le message que tout va bien (**conséquence**). Au contraire, leur refuser notre vote pour l'accorder au Bloc (cause) envoie le message «que, en tant que nation, le Québec veut plus» (conséquence).

À cette idée «antidémocratique» voulant qu'il soit illégitime pour un député souverainiste d'être payé avec «l'argent d'Ottawa», j'oppose le principe très anglo-saxon et démocratique du *no taxation without representation* (**valeur**). Nous payons des impôts à Ottawa ; nous avons donc le plein droit de choisir qui nous représentera, et ces élus sont pleinement légitimés d'être payés comme les autres. On pourrait aussi présenter cet argument selon la logique **cause** (nous payons des impôts à Ottawa) – **conséquence** (nos élus, peu importe leurs convictions, sont donc aussi légitimes que les autres).

Dans l'avant-dernier paragraphe, je propose un dernier **appel aux valeurs**. J'évoque le «professionnalisme» et les «compétences» des députés bloquistes, mais surtout leur «solide sens du devoir». Je suggère que ces députés remplissent bien leur mission (rappeler au Canada «que son attitude envers la nation québécoise est inadmissible») sans chercher à lui nuire indûment. Je souligne ainsi que si ces députés négligeaient leur travail parlementaire pour s'adonner uniquement à du blocage, ils perdraient leur pertinence.

Ce texte utilise un **modèle réfutatif**. Il présente d'abord, dans le deuxième paragraphe, la thèse adverse selon laquelle le Bloc n'a pas sa place à Ottawa parce qu'il ne prétend pas au gouvernement, «ne fait pas augmenter l'appui à la souveraineté» et profite de l'argent d'un pays qu'il veut briser. Ensuite, après avoir exprimé mon rejet de cette thèse avec la première phrase du troisième paragraphe, je tente, dans le développement, d'en réfuter l'essentiel avec les arguments précédemment présentés et analysés. Enfin, dans la conclusion (dernier paragraphe), je formule ma thèse personnelle, c'est-à-dire celle que j'oppose à celle de mes adversaires : tant et aussi longtemps que la situation actuelle perdurera, «le Québec aura besoin du Bloc».

La **tonalité** de ce texte est essentiellement **neutre**. La concession faite aux tenants de la thèse adverse (oui, le Bloc «constitue une anomalie») montre bien que je ne les prends pas de haut. Parce que je sais que cette thèse est de plus en plus répandue et que je la considère nocive, je procède avec doigté. Je ne veux pas remporter une joute argumentative pour le seul plaisir ; je veux convaincre, dans un souci civique.

Il y a, cela dit, quelques pointes acérées dans ce texte. Quand je qualifie un des arguments adverses de «mesquin» et d'«antidémocratique», je quitte ma réserve pour mieux illustrer mon irritation devant un argument qui, à mon avis, n'a pas sa place dans ce débat. D'autres mots ou expressions sont assez forts et délaissent le ton neutre («inacceptable», «trahiront», «totalement sourds à l'insatisfaction du Québec», «discours creux»), mais ils s'appliquent au fédéralisme canadien et à ses représentants plus qu'à mes adversaires dans ce débat qui sont les citoyens doutant de la pertinence du Bloc et que je veux convaincre. Je dénonce donc durement une situation, tout en ménageant les susceptibilités de mes interlocuteurs. Mon objectif impose cette stratégie.

Comme ce texte est de ma main, je m'abs-tiendrai, ici, d'évaluer son efficacité d'ensemble. À chacun d'en juger, en fonction des critères fournis dans cet ouvrage.

CHAPITRE VI

Débattre comme on fait la guerre
ou
L'art de la controverse selon Schopenhauer

Débattre, discuter, ce n'est pas, on l'a dit, faire la guerre. Rappelons-nous Bourgault qui affirmait que «c'est le dialogue, sans cesse renouvelé et même, à l'occasion, violent, qui écarte la véritable violence qui éclate toujours quand les gens cessent de se parler».

Il reste, cela admis, que l'idéal de l'art du débat, c'est-à-dire la quête de la vérité la plus plausible, n'est pas toujours le but recherché par les interlocuteurs. Dans un opuscule publié à titre posthume en 1864 et intitulé, en français, *L'art d'avoir toujours raison* (Mille et une nuits, 1998), le philosophe allemand Arthur Schopenhauer, reconnu pour son pessimisme foncier, prétend même que la vérité n'intéresse pas vraiment les humains.

«Chacun, écrit-il, devrait simplement s'efforcer de n'exprimer que des jugements justes, ce qui devrait inciter à penser d'abord et à parler ensuite. Mais chez la plupart des hommes, la vanité innée s'accompagne d'un besoin de bavardage et d'une malhonnêteté innée.» Cette attitude est si répandue, ajoute-t-il, qu'un débatteur honnête et naïf ne survivrait pas longtemps dans l'univers de la controverse.

Dans ces conditions, un cercle vicieux s'installe rapidement. Comme on sait, en effet, que son adversaire veut avoir raison à tout prix au mépris de la vérité, on en vient à refuser de lui donner raison, même quand son raisonnement semble juste, de peur qu'il ne nous trompe. On s'autorise de la mauvaise foi de l'adversaire pour soi-même ne pas s'encombrer de scrupules. «De ce fait, écrit Schopenhauer, il se forme en nous la maxime selon laquelle, même quand l'argument de l'adversaire semble juste et concluant, nous devons l'attaquer, certains que sa justesse n'est qu'apparente et qu'au cours de la controverse nous trouverons un argument qui viendra le renverser ou confirmer notre vérité d'une façon ou d'une autre. Ainsi, nous sommes quasi obligés d'être malhonnêtes lors de la controverse, ou tout du moins légèrement tentés de l'être.» En débattant en toute transparence et avec la vérité pour seul souci, on s'expose, explique le philosophe, à «avoir objectivement raison quant au débat lui-même tout en ayant tort aux yeux des personnes présentes, et parfois même à ses propres yeux».

Schopenhauer, pour nous prémunir contre cette triste situation, prône donc l'étude des règles de ce qu'il appelle la «dialectique éristique», c'est-à-dire une «joute intellectuelle pour avoir toujours raison dans la controverse». Ne soyons pas naïfs, plaide-t-il : nos adversaires, dans une discussion, joueront dur et ne nous donneront pas raison même quand nous semblerons dans le vrai. Aussi, «la dialectique scientifique, telle que nous la concevons, a par conséquent pour principale mission d'élaborer et d'analyser les stratagèmes de la malhonnêteté dans la controverse afin que, dans les débats réels, on puisse les reconnaître immédiatement et les réduire à néant».

Cynique, le philosophe ne tombe pas dans le piège de la candeur qu'il dénonce. Il sait bien que la vanité, dans un débat, se retrouve des deux côtés de la barricade. Aussi, il précise que les stratagèmes qu'il présente seront utiles «tant pour son propre usage que pour les réduire à néant quand l'autre s'en sert». On ne va pas à la guerre uniquement avec des gilets pare-balles.

Les principaux stratagèmes

Parmi les 38 stratagèmes présentés dans *L'art d'avoir toujours raison*, on peut retenir les suivants (auxquels on donnera des noms pour mieux les identifier) :

STRATAGÈME 1
OU DE L'EXTENSION

Il consiste à «étirer l'affirmation de l'adversaire au-delà de ses limites naturelles, [à] l'interpréter de la façon la plus générale possible, [à] la prendre au sens le plus large possible et [à] l'exagérer».

De notre côté, on procédera à l'inverse, c'est-à-dire en présentant une thèse précise et bien délimitée. Par exemple, si l'adversaire se prononce «pour l'avortement» (en sous-entendant dans des cas de grossesses adolescentes), on pourra lui répliquer en disant que si toutes les femmes se font avorter, l'aventure humaine se terminera là.

STRATAGÈMES 8 ET 27
OU DE LA COLÈRE

Il s'agit de susciter la colère de l'adversaire, «en le provoquant» dit Schopenhauer, pour lui faire perdre le fil de son argumentation. De même, si on constate qu'un argument le choque, il faut insister puisque cela indique probablement «que l'on a touché le point faible de son raisonnement».

STRATAGÈMES 12 ET 32
OU DE L'APPELLATION

Il s'agit d'utiliser des mots positifs pour désigner la thèse qu'on défend et des mots négatifs pour désigner la thèse adverse. Des grévistes, par exemple, se désigneront comme «résistants», alors que leurs patrons les traiteront «d'enfants gâtés». Le mari infidèle parlera de son geste comme d'un «faux pas», alors que sa femme lui répliquera par le terme «adultère». «Ce que l'on veut démontrer, explique Schopenhauer, on le met à l'avance dans le mot.»

STRATAGÈME 13

OU DE LA CARICATURE

Pour imposer une thèse, on présente la thèse adverse en la caricaturant. Aussi, «l'adversaire, s'il ne veut pas cultiver l'art du paradoxe, est obligé d'approuver notre thèse qui, en comparaison, paraît tout à fait probable». Pour défendre, par exemple, le système de santé public au Québec, on l'opposera au seul système américain, le pire modèle dans le genre.

STRATAGÈME 16

OU DE LA CONTRADICTION AD HOMINEM

Ce stratagème consiste à soulever une contradiction entre ce que l'adversaire défend et ce qu'il a déjà dit ou fait. À un partisan du suicide, on lancera: «Pourquoi ne te tires-tu pas une balle dans la tête?» À un contempteur du Québec: «Pourquoi restes-tu ici?» Très efficace lors d'un débat devant public, ce stratagème ne peut qu'ébranler l'adversaire. Comment, en effet, peut-il espérer convaincre les autres de la justesse d'une opinion qu'il ne respecte pas lui-même dans d'autres discours ou dans ses comportements? La politicienne qui mène un combat contre l'avortement, mais qui s'est déjà fait avorter perd nécessairement en crédibilité. Il y a là, c'est le moins que l'on puisse dire, une faille, qui révèle une faiblesse de caractère. Ce stratagème, néanmoins, malgré son efficacité, s'avère souvent, d'une certaine façon, un sophisme. L'incohérence entre le comportement d'un humain et ses opinions n'indique pas l'incohérence de sa pensée. Celui qui fait des fautes dans un texte où il défend la cause de la langue française a l'air un peu fou, mais il n'a pas tort pour autant.

STRATAGÈMES 18 ET 29
OU DE LA DIVERSION

Si vous êtes dans vos derniers retranchements lors d'un débat, écrit le philosophe, faites diversion en vous esquivant ou en changeant de sujet. Cette parade est à double tranchant. Elle vous permet d'empêcher votre adversaire de conclure avec les honneurs, mais elle vous expose à paraître lâche.

STRATAGÈME 19
OU DE LA GÉNÉRALISATION VICIEUSE

Si votre adversaire exige une réplique sur un point précis de son argumentation qui vous embête, «il faut se lancer dans un débat général et [le] contrer». S'il s'agit, par exemple, d'un argument qui se fonde sur la science (résultats d'études, autorité), «nous parlerons du caractère fallacieux du savoir humain et l'illustrerons par toutes sortes d'exemples».

STRATAGÈME 23
OU DE L'EXAGÉRATION

En contredisant sans cesse l'adversaire et à tout propos, on peut l'amener à en rajouter, à exagérer, ce qui a pour effet de rendre sa thèse plus générale et, donc, plus facilement attaquable (voir stratagème 1).

(voir stratagème 1).

STRATAGÈME 26
OU DU RENVERSEMENT

Il s'agit de reprendre un argument de l'adversaire en le retournant contre lui-même. Schopenhauer donne l'exemple suivant : à quelqu'un qui vous dit «c'est un enfant, il faut être indulgent», vous répliquez «c'est justement parce que c'est un enfant qu'il faut le châtier pour qu'il ne s'encroûte pas dans ses mauvaises habitudes».

STRATAGÈME 30
OU DE L'AUTORITÉ ET DE LA MAJORITÉ

Fidèle à sa pensée fondamentale selon laquelle les humains sont querelleurs mais paresseux sur le plan intellectuel, le philosophe, même s'il les trouve insignifiants, suggère d'avoir recours aux arguments d'autorité et d'appel à la majorité. «Au lieu de faire appel à des raisons, écrit-il, il faut se servir d'autorités reconnues en la matière selon le degré de connaissance de l'adversaire.» Toujours cynique, peut-être même au prix de l'efficacité dans ce cas, il ajoute que «ce sont les autorités auxquelles l'adversaire ne comprend pas un traître mot qui font généralement le plus d'effet». Cette dernière affirmation me semble très contestable.

En ce qui a trait à l'appel à la majorité, ou à l'opinion commune, Schopenhauer est cinglant. Selon lui, cette opinion ne serait souvent que celle de quelques personnes qui sont parvenues à l'imposer en tablant sur la paresse intellectuelle de leurs semblables. «Ainsi, écrit-il, s'est accru de jour en jour le nombre de ces adeptes paresseux et crédules; car une fois que l'opinion eut pour elle un bon nombre de voix, les suivants ont pensé qu'elle n'avait pu les obtenir que grâce à la justesse de ses fondements.» Les gens, ajoute-t-il, veulent avoir des opinions, mais ne savent pas réfléchir. Aussi, ils prennent avec plaisir les opinions populaires et détestent ceux qui ont «l'outrecuidance» de vouloir penser par eux-mêmes, «ce qu'ils ne font bien sûr jamais eux-mêmes, et dont ils ont conscience dans leur for intérieur».

STRATAGÈME 31
OU DE LA FAUSSE INCOMPÉTENCE

Si votre adversaire vous sert une solide argumentation qui vous laisse sans réplique, «il faut, avec une subtile ironie, se déclarer incompétent», suggère Schopenhauer. «De cette façon, continue-t-il, on insinue, face aux auditeurs qui vous apprécient, que ce sont des inepties.» Pour que ce stratagème soit efficace, il faut évidemment bénéficier d'une certaine crédibilité intellectuelle aux yeux du public. Quant à la victime d'un tel tour pendable, elle peut répliquer: «Je dois m'être mal exprimé puisque votre grande intelligence devrait vous permettre de comprendre» et reprendre, ensuite, la même argumentation qui, de toute évidence, a ébranlé l'adversaire.

STRATAGÈME 33

OU DU LIEN ENTRE THÉORIE ET PRATIQUE

Assez fréquent, ce stratagème consiste à répliquer à un adversaire que ce qu'il défend est peut-être vrai en théorie, mais faux en pratique. Avec raison, le philosophe remarque : «Cette affirmation pose une impossibilité : ce qui est juste en théorie doit aussi l'être en pratique ; si ce n'est pas le cas, c'est qu'il y a une erreur dans la théorie, qu'on a omis quelque chose, qu'on ne l'a pas fait entrer en ligne de compte ; par conséquent, c'est également faux en théorie.»

STRATAGÈME 35

OU DE L'APPEL AUX INTÉRÊTS

Il s'agit de faire comprendre (ou croire) à l'adversaire ou au public que l'opinion qu'il défend, au fond, va contre ses intérêts. Alors, raille Schopenhauer, «il la laissera tomber aussi vite qu'un fer rouge dont il se serait imprudemment emparé». On retrouve, ici, une variation de l'argument cause-conséquence. Par exemple, quelqu'un peut être convaincu qu'un apport plus important du privé en santé améliorerait l'efficacité du système, mais si on lui fait comprendre que, dans son cas personnel, cette réforme sera néfaste (s'il n'est pas riche, par exemple), il risque fort de changer d'idée, malgré la force de sa conviction préalable. Si ce stratagème est efficace, suggère Schopenhauer, c'est que l'humain est égoïste. On ne peut lui donner totalement tort.

OU DU FLOT DE PAROLES

Il s'agit d'en imposer à l'adversaire «en lui débitant d'un air très sérieux des bêtises qui ont un air savant ou profond, à tel point qu'il est incapable d'entendre, de voir et de penser, et qu'on les fait passer pour la preuve la plus irréfutable qui soit de sa propre thèse». La quantité et le style, donc, faute de la qualité et de la substance. Contre un adversaire expérimenté, ce stratagème risque toutefois de faire passer le contradicteur pour un faiseur.

L'ULTIME STRATAGÈME

OU DE L'INSULTE

En cas de défaite appréhendée et quasi assurée, on peut toujours abandonner la controverse sur le fond et s'en prendre directement à l'adversaire en étant «vexant, méchant, blessant et grossier». Cette attitude, toutefois, est un aveu de déroute, et la recommander reviendrait à inciter à la bagarre. Aussi, Schopenhauer ne va pas jusqu'à la conseiller, se contentant de rappeler qu'elle apparaît souvent chez un adversaire que l'on a, même honnêtement, malmené. Devant elle, ajoute-t-il, il convient de garder son sang-froid et de tenter de ramener le débat à l'essentiel.

Cette éventualité – un adversaire défait qui pète les plombs – lui permet toutefois de formuler quelques mises en garde générales concernant les conditions d'un bon débat. À la suite d'Aristote, il rappelle qu'il importe de «ne pas débattre avec le premier venu, mais uniquement avec les gens que l'on connaît et dont on sait qu'ils sont suffisamment raisonnables pour ne pas débiter des absurdités et se couvrir de ridicule». On devrait choisir des interlocuteurs disposant d'arguments, capables d'écoute, en quête de vérité et assez honnêtes pour reconnaître qu'ils ont tort si c'est le cas. «Il en résulte, écrit Schopenhauer, que sur cent personnes, il s'en trouve à peine une qui soit digne qu'on discute avec elle.» Le philosophe, on l'a dit, est pessimiste. Cela ne l'empêche pas de souligner le caractère très bénéfique de la controverse pour l'évolution des idées de chacun, à condition «que les deux adversaires soient à peu près du même niveau en savoir et en intelligence».

*

Même si la plupart d'entre eux ne sont pas recommandables parce qu'ils ne respectent pas les principes fondamentaux de l'éthique de la discussion, les stratagèmes présentés dans *L'art d'avoir toujours raison* doivent être connus pour pouvoir être dénoncés… ou cyniquement utilisés, ajouterait le philosophe, dans les situations où l'adversaire, par sa malice, ne laisse d'autre choix. Il faut néanmoins redire qu'avoir raison en trichant n'est ni honorable ni satisfaisant, ainsi que le savent (remarquez l'analogie) les sportifs dopés.

CHAPITRE VII

Est-il possible de convaincre ?
Le point de vue de Marc Angenot

« Les humains, écrit l'analyste du discours social Marc Angenot, argumentent constamment, certes, et dans toutes les circonstances, mais à l'évidence ils se persuadent assez peu réciproquement, et rarement. » Pourquoi, ajoute-t-il alors, « persistent-ils à argumenter ? » *Dialogues de sourds* (Mille et Une nuits, 2008), un brillant et plus que costaud « traité de rhétorique antilogique », explore en détail cette vaste question et développe, ce faisant, une admirable défense et illustration de la raison rhétorique.

Vingt-cinq siècles de disputes philosophiques, et tous nos débats quotidiens, l'ont assez montré : le discours argumenté se solde plus souvent par un échec que par une entente. Ou les arguments de l'autre semblent faibles, ou, pire encore, leur logique même échappe à l'entendement. Sur la base de ce constat, Angenot demande : « Les polémiqueurs, si têtus à camper sur leurs positions et à ne pas céder un pouce de terrain qu'ils puissent être, sont-ils tous, à tout le moins, susceptibles d'un *arbitrage* au nom d'une rationalité commune qui permettrait de départager sans équivoque les arguments valides et les "sophismes"?»

On voudrait pouvoir répondre oui, mais on ne le peut. Force est de constater, en effet, devant l'échec fréquent de la volonté de convaincre, qu'il existe des «coupures argumentatives», que tous les humains n'usent pas «du même code rhétorique» et, partant, ne partagent pas les mêmes critères de «validité rationnelle».

Les fondements mêmes de l'art d'argumenter, abondamment discutés dans l'histoire, ne font pas consensus. Le sophiste Protagoras, un des pères de cette tradition, ne croyait pas à la possibilité d'établir une vérité unique et affirmait qu'il n'existait pas de critères absolus du jugement valide. «Ce qu'exprimait à mon sens Protagoras, écrit Angenot, c'est une théorie du dialogue négocié à hauteur d'hommes.» Platon, on le sait, l'a combattu, en lui opposant l'idée qu'un raisonnement juste permet de connaître le bien et le vrai. Aristote, plus nuancé, appuyait la logique de vérité de Platon, mais reconnaissait que, dans les affaires de la vie courante, la rhétorique, cet «art mineur» comparé à l'autre, avait sa place.

Selon Angenot, il est clair que, «pour ceux que la vie ordinaire intéresse», la voie de Platon est d'une parfaite inutilité. «La logique dite "formelle", explique-t-il, quels que soient ses mérites, n'est qu'un avatar formalisé et aseptisé d'une argumentation première, dialogique, intramondaine, inscrite dans une situation empirique et opérant face à d'autres "esprits" qui la comprennent plus ou moins tout en la vivant différemment.» Aussi, comprendre l'argumentation et ses échecs exige donc de se pencher sur ce phénomène que l'on appelle la rhétorique et qui relève d'une logique informelle.

Mélange de raison et de sentiment, la rhétorique, par obligation, cherche moins à dire le vrai que le probable. On ne démontre pas, donc, mais on accumule les arguments qui augmentent la probabilité de la thèse. Dans ces conditions, les critères de validité sont eux aussi objets de débats, comme en fait preuve la polémique entre les relativistes (qui, paradoxalement, affirment vraie l'idée que rien ne peut être décrété vrai) et les rationalistes dogmatiques.

L'éthique de la discussion a ses règles: reconnaissance de l'égalité des participants, accord sur le sujet, mesure de l'écart entre les débatteurs, disposition à argumenter, à changer d'avis, à ne pas sortir de l'argumentatif (injures, stratégies malhonnêtes) et bonne foi. Elles ne sont pas toujours respectées et ne garantissent en rien le succès de l'entreprise. Le matériau de la discussion, en effet, est riche de dissensions. Les définitions et concepts sont flous et rarement partagés, le cadrage (ce qui entre dans le débat) est sans cesse contesté et les normes de l'argumentation sont elles-mêmes disputées.

Des sophismes, notamment, Angenot dira qu'«aucun ne se disqualifie nettement et indiscutablement» et qu'ils «forment une zone grise plutôt qu'une classe d'impostures ou d'absurdités évidentes». Citant Raymond Boudon, il explique, par exemple, «que l'argument d'autorité est souvent raisonnable : on ne peut pas attendre du non-physicien qu'il vérifie "par lui-même les lois de Newton et d'Einstein"». L'analogie, par ailleurs, vaut peut-être peu en stricte raison, mais «beaucoup en expressivité et en raccourci ; dès lors, en pouvoir persuasif immédiat». Comment, dans ces conditions, évaluer la «logique» d'un raisonnement ? «En toute rigueur, avouent les logiciens, on ne le sait pas», conclut Angenot.

La conséquence en est que l'argumentateur est réduit à «bricoler son raisonnement et ses enchaînements de raisonnements à partir d'un répertoire hétérogène, non contraignant, de schémas disponibles et de stratégies persuasives possibles». Angenot remarque que, au fil de l'histoire, se sont ainsi constituées des «logiques en conflit» qui s'opposent par leur contenu, mais aussi par leur façon d'argumenter. Il les résume en quatre idéaltypes. Il s'agit des logiques réactionnaire, immanentiste, conspiratoire ou du ressentiment et utopiste-gnostique. Entre elles, les dialogues de sourds sont constants. La logique immanentiste ou raison instrumentale, par exemple, exclut le possible du débat et s'en tient aux faits. Elle rejette donc la logique utopiste qui conteste l'état actuel des choses au nom d'un avenir radieux réalisable. Les deux camps raisonnent, donc, mais ne s'entendent jamais. Angenot refuse de décréter que ces dissensions sont insurmontables, mais il est obligé de constater «qu'il faut beaucoup de patience et d'empathie pour concilier les esprits». À très long terme, peut-être…

Pourquoi, alors, cet entêtement dans l'argumentation? «Le monde raisonné et débattu, explique-t-il, est indémontrable, ce qui ne dispense pas de raisonner et de raisonner avec autant de force que possible justement parce qu'aucune argumentation ne sera décisive.» Deux motifs poussent les humains dans cette entreprise perpétuelle: la nécessité de se justifier face au monde «improbable» dans lequel ils vivent et de «se situer par rapport aux raisons des autres». Il s'agit, d'une certaine façon, de manifester notre souci de la vérité et de la raisonnabilité de nos croyances.

Impressionnant puits de culture et de science Marc Angenot trace ici un très riche portrait de l'humain en rhétoricien condamné, pour le meilleur et pour le pire, à la compulsion.

Conclusion

Défendre une opinion, quelle qu'elle soit, dans le but de convaincre est à la fois une technique et un art, comme cet ouvrage a tenté de le démontrer. Une technique, dans le sens où cette démarche exige, pour être efficace, l'utilisation adéquate d'outils spécifiques déjà existants qu'il s'agit de connaître et de maîtriser. Un art, dans le sens où nulle recette infaillible n'est disponible, ce qui signifie donc que la bonne formule, le bon mélange (arguments, modèle d'argumentation et tonalité) est chaque fois à réinventer selon le contexte.

L'expression «bricolage intellectuel» est probablement celle qui rend le mieux compte de cette activité. Bricoler, selon une des définitions du *Petit Robert*, c'est «arranger, réparer tant bien que mal, de façon provisoire». Quant au bricolage, ce serait un «travail dont la technique est improvisée, adaptée aux matériaux, aux circonstances». Cette référence au caractère provisoire d'un arrangement, à l'aspect circonstanciel de la démarche, sied bien à l'art de convaincre qui ne saurait, dans presque tous les cas, trouver de terme définitif.

On n'a jamais fini, en effet, de réfléchir, surtout aux solutions qui concernent des réalités changeantes et sujettes à interprétation. C'est là, il faut en convenir, le lot de l'humain, et c'est aussi ce qui fait sa grandeur.

On peut, bien sûr, choisir de déserter cette arène, laisser aux autres le soin de réfléchir aux enjeux de toutes sortes qui concernent l'existence humaine et la vie de la Cité et de proposer leurs solutions, mais cela revient à suivre le troupeau, à se faire triste automate. Même dans le plus banal quotidien, cette option de l'indifférence nous condamne à l'insignifiance.

Au contraire, faire le choix de la réflexion et, par conséquent, du débat, puisque l'une ne va pas sans l'autre, c'est accepter de participer pleinement à l'aventure humaine et d'assumer cette belle responsabilité qui l'accompagne, c'est-à-dire la quête de la vérité. Et comme cette vérité, dans presque tous les domaines, est toujours fuyante (ce qui ne veut pas dire relative), sa quête, pour valoir, exige un dialogue ininterrompu dans lequel chacun apporte l'interprétation qu'il considère la plus juste, afin, bien sûr, d'en convaincre les autres, mais aussi de l'éprouver, pour peut-être en changer en cours de route.

Dans cette tâche collective – on dirait plus savamment mais plus justement intersubjective –, nous avons le devoir individuel de bricoler, avec efficacité et honnêteté, des argumentations qui nourriront le débat et nous permettront peut-être d'emporter le morceau. C'est, en effet, seulement à cette condition – que chacun s'efforce au meilleur de sa compétence de penser au plus près de la vérité et de croire suffisamment au résultat ainsi obtenu pour essayer d'en convaincre les autres – que nos débats vaudront quelque chose.

*

Ce modeste ouvrage, qui fera sourire les experts qui mettent leur blouse de labo pour argumenter, n'avait pour ambition que de fournir à tout le monde, dans le langage le plus accessible possible, les outils nécessaires à la construction d'une opinion assez solidement argumentée pour convaincre, aussi bien votre beau-frère lors d'un party de famille que, par l'entremise d'une lettre aux journaux, vos concitoyens dans l'espace public.

Savoir argumenter et convaincre est, on l'a dit, un devoir civique et une responsabilité philosophique, mais ce peut aussi être, il convient de le rappeler avec force en terminant, un véritable plaisir. Il y a, en effet et pour reprendre un terme de Schopenhauer, quelque chose de la joute dans tout échange d'arguments. Si certains sujets et circonstances exigent un esprit de sérieux dans l'art de convaincre, d'autres permettent une légèreté où la part de jeu de cette activité trouve pleinement sa pertinence. Comme on échange une balle au tennis, on peut aussi échanger des arguments pour le plaisir, tout en s'entraînant, du coup, pour les joutes plus importantes. La méthode, dans tous les cas, est la même.

Il faut toutefois redire, en terminant, que sans une solide culture générale et une attention constante portée à l'actualité (à l'origine de la plupart des débats qui nous interpellent), la connaissance et la maîtrise de cette méthode ne nous serviront presque de rien. Les ignorants, même ingénieux, finissent toujours par se heurter à un mur et ne sont jamais vraiment convaincants.

Été 2007-été 2008

Bibliographie

ANGENOT, Marc, *Dialogues de sourds. Traité de rhétorique anti-logique*, Paris, Mille et Une nuits, 2008.

BOURGAULT, Pierre, *La colère. Écrits polémiques*, tome 3, Montréal, Lanctôt, 1996.

BRETON, Philippe, et Gilles GAUTHIER, *Histoire des théories de l'argumentation*, Paris, La Découverte, 2000.

BRETON, Philippe, *Convaincre sans manipuler*, Paris, La Découverte, 2008.

DE CRESCENZO, Luciano, *Les grands philosophes de la Grèce Antique*, Paris, Le livre de poche, 2000.

GODIN, Christian, *La philosophie pour les nuls*, Paris, First, 2006.

LEGARÉ, Ginette, et Andrée CARRIER, *Petit traité de l'argumentation en philosophie*, Anjou, CEC, 1996.

MEYER, Michel (dir.), *Histoire de la rhétorique des Grecs à nos jours*, Paris, Le livre de poche, 1999.

MEYER, Michel, *La rhétorique*, Paris, Presses universitaires de France, 2004.

NADEAU, Jean-Benoît, et Julie BARLOW, *Pas si fous, ces Français !*, Paris, Points Seuil, 2005.

REBOUL, Olivier, *La rhétorique*, Paris, Presses universitaires de France, 1984

SCHOPENHAUER, Arthur, *L'art d'avoir toujours raison*, Paris, Mille et Une nuits, 1998

SIMARD, Jean-Paul, *Guide du savoir-écrire*, Montréal, Éditions de l'Homme, 1998.

Table

Introduction 7

CHAPITRE PREMIER
Pour une saine rhétorique 13

CHAPITRE II
Le coffre à outils 19

CHAPITRE III
Typologie des arguments........................ 25

CHAPITRE IV
Les formes de l'argumentation................... 51

CHAPITRE V
Analyse de trois textes d'opinion................ 63

CHAPITRE VI
Débattre comme on fait la guerre
ou
L'art de la controverse selon Schopenhauer 87

CHAPITRE VII
Est-il possible de convaincre?
Le point de vue de Marc Angenot................ 99

Conclusion.................................... 105

Bibliographie................................. 109

MARQUIS

Marquis imprimeur inc.

Québec, Canada
2012

Cet ouvrage composé en Charlotte corps 12 a été achevé d'imprimer au Québec
en octobre deux mille douze sur papier Enviro 100 % recyclé

100%